DX時代の観光と社会

著者：沢田 史子・  多可志

近代科学社Digital

はじめに

　日本の GDP に占める製造業の割合が低下傾向にあり，新たに観光産業が台頭しつつあります。2020 年に新型コロナウイルス（COVID-19）が蔓延し，世界の観光産業はダメージを受け一時的に衰退しましたが，2023 年には急速に回復傾向に入りました。ワクチン効果や社会的免疫が促進し新たな観光戦略が世界的に提供されつつあります。日本においても，消毒の励行や人との距離を空けることなど留意点を意識しておかなければなりません。また，日本は自然災害の多い国です。近年では，毎年のように全国各地で自然災害が起きています。2024 年 1 月 1 日には能登半島地震が起き，甚大な被害をもたらしました。今なお避難生活を余儀なくされている多くの方がいます。一日も早い生活の再建と被災地の復興が強く求められています。

　安全・安心な観光地づくりを行い，それを認めてもらう努力を常に心がけておく必要があります。海外と伍していく日本観光産業を形成するには，地域住民を巻き込んだあらゆる工夫が求められます。さらに，10 年後を見据え一歩先んじた観光戦略の構築が重要です。少子高齢化時代を鑑みると，地方観光の栄枯盛衰は訪日外国人（インバウンド）の誘客が要となります。訪日外国人の多くが訪れる東京，大阪，京都など大都市圏から地方への誘客へと替える政策転換が必要です。地方の時代へと住民の意識も変えていかなければなりません。

　経済協力開発機構（OECD）の報告によると日本は，2020 年の加盟国の労働生産性ランキングは 38 か国中 23 位で米国の 60 ％強であり，観光分野の労働生産性はこれより更に低い値です。労働生産性は賃金に関係し，直ちに産業全体の人材確保にも影響します。この面から，観光産業においてはデジタルトランスフォーメーション（DX）の導入は不可欠です。近年，観光 DX という言葉が多用され観光産業の生産性向上とグローバルな戦略導入が強く求められています。観光 DX は観光者の利便性向上や様々なデータに基づいた観光地経営の高度化などに資することになります。同時に昨今の温暖化に配慮した企業経営を産業全体で進め世界に認識してもらう必要があり，グリーントランスフォーメーション（GX）を意

識した効率的な経営を行うことになります。

　観光による経済的効果を日本全体に波及するには，地方への誘客は必須です。地方の自然のみならず歴史や文化，芸術を観光資源として発掘し発信していく必要があります。地元住民の多面的な視点からの気づきが重要であり，観光地経営を企図とした観光地域づくり法人（DMO）などの組織構築が一歩となります。また，DMO は観光者である訪問者と地元を結ぶ機関として，地域経済を向上させ持続的な発展を目指していくべきです。地方における観光資源の活用や評価，情報発信が適切であるか判断も行っていかなければなりません。当然ですが SNS などの口コミの概要を把握し，間髪を入れず観光地経営戦略に活かさなければなりません。

　最も重要なことは，国内外から観光地に出かけるきっかけや動機づけです。不安なく観光に出かける個々の観光行動力を指標として付与されれば，安心感をもって出かけることができます。特に高齢者の観光行動を誘引し，少子高齢化時代に整合する環境を形成することにより，世界の模範となる観光立国を形成することができます。

　本書はこのような背景をもとに執筆致しました。第 1 章では観光と社会について，観光が広く社会システムと連動していることを述べ，第 2 章においては，日本の外国人の訪問者の推移から特徴を述べています。第 3 章では国内外を問わず比較的時間にゆとりのある高齢者観光動向について述べ，第 4 章においては，高齢者の観光に出かける行動力を指標として示すことにより，高齢者観光のプロモーションに繋げることについて述べています。第 5 章では地域として北陸を選び貿易総量や訪日外国人数と北陸三県の宿泊者数との関係がねじれていることから地域戦略導出について述べています。第 6 章では伝統工芸による北陸の地域活性化例について述べ，その要として人材育成を挙げています。第 7 章では地方空港などの英文空港パンフレットの語彙を数量的に解析し特徴を抽出した結果について述べ，第 8 章においては，前章と連動する口コミの数量的解析の特徴について述べています。第 9 章は，観光産業における労働生産性向上にも関連する DX のための簡単な Python プログラムや統計分析の方法を解説し，IoT，AI など他産業でも取り入れられている技術の概要について述べています。

このような状況を鑑み，アジアのみならず世界の目標となる新たな観光戦略を常に構築する必要があります。その端緒となるよう本書を構成しました。読者諸兄姉の参考になれば幸甚の極みです。

　本書の執筆にあたり構成から出版まで注意深く見守っていただき，株式会社近代科学社 赤木恭平様には大変お世話になりました。ここに深甚なる感謝の意を表します。

2024 年 3 月

著者一同

目次

第4章　　観光行動力

第5章　　北陸地方の主要インバウンドと貿易量・日本の印象度

第6章　伝統産業と観光

第7章　空港パンフレットの特徴

第8章　口コミと観光

第9章　観光DXのためのデータサイエンス基礎

第**1**章

観光と現代社会

1.1　観光とは

観光という言葉の語源は，古代中国の「易経」という書物の中の「国の光を観る，もって王に賓たるに利し」という一節によるとされています。これは，国の「光」である政治，文化，風俗などを「観」て，よく治まっていて光輝いて（民が幸せに生活して）いれば，その国の王に賓客（ブレイン）となって重用されるのが良いという意味です。現在使われている観光の意味とはちょっと違うと感じる方も多いと思いますが，良い観光地を「住んで良し，訪れて良し」と表現することがあります。良い観光地とは，地域に住む人々がその地域に住むことに誇りを持ち幸せを感じることで，その地域が光り輝いているそんな場所だともいえます。このように考えると，「国の光を観る」と現代の観光が繋がっていると感じます。

観光の定義については，多様なものがありその目的によって異なるのが現状です。世界観光機関（UNWTO：United Nations World Tourism Organization）は次のように定義しています。

> ツーリズムとは，余暇，ビジネス，その他の類似の目的をもって，自宅など定住的場所を離れて旅行し，訪問国の滞在期間を含め旅行期間が 1 年未満のものをいう。ただし，訪問国で報酬の稼得を目的とするものは除く。

この UNWTO の定義は，統計目的での定義として広く受け入れられています。日本においても，2009 年に観光庁が「観光入込客統計に関する共通基準」を策定し，その中で次のように定義しています。

> 観光とは，余暇，ビジネス，その他の目的のため，日常生活圏を離れ，継続して 1 年を超えない期間の旅行をし，または滞在する人々の諸活動。観光入込客とは，訪問地での滞在が報酬を得ることを目的としない者。

これは UNWTO の来訪の目的や行為の内容によって区別しないという方針を踏襲したものになっています。つまり，レジャーや娯楽目的の来訪

者と仕事の出張や研修のための来訪者の区別をせずに扱うことになります。来訪者の目的によって分類をしようとすると，ビジネスの出張のついでに空き時間に観光名所へ行った場合はどうなるか。その土地の郷土料理を食べに行った場合はどうなるか。これらを区別してその人数を把握するためには，本人に尋ね，時には判断してもらうことが必要になってきます。したがって，観光統計上の定義としては，来訪の目的を細かく分類していません。

　統計目的ではない観光の定義を確認してみましょう。観光政策審議会（1995年）の答申では，「余暇時間の中で，日常生活圏を離れて行う様々な活動であって，触れ合い，学び，遊ぶということを目的とするもの」とされています。また，デジタル大辞泉によると，「他の国や地方の風景・史跡・風物などを見物すること。［補説］近年は，娯楽や保養のため余暇時間に日常生活圏を離れて行うスポーツ・学習・交流・遊覧などの多様な活動をいう」とされています。

　このように観光の定義は多様ですが，前者も後者も日常的に行かないところへ一時的に移動することが共通の条件になっています。しかし，そうするとコロナ禍で急速に発達した移動を伴わないオンライン観光は，観光とは呼べないのでしょうか？ この問いの答えはすぐには明らかにならないでしょう。技術革新がさらに進んだ将来，観光の定義に大きな変化が起こるかもしれません。

1.2　観光の意義

　観光の意義と役割について，観光立国推進基本法（2008年施行）では「地域経済の活性化，雇用の機会の増大等国民経済のあらゆる領域にわたりその発展に寄与するとともに，健康の増進，潤いのある豊かな生活環境の創造等を通じて国民生活の安定向上に貢献するものであることに加え，国際相互理解を増進するものである」と述べられています。

　これらの意義と役割を，個人にもたらす効果と観光地にもたらす効果として整理したものを図1.1に示します。

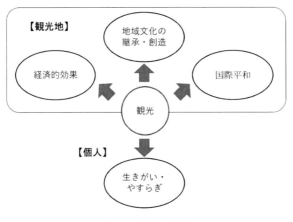

図 1.1　観光の効果

1.2.1　生きがいとやすらぎ

　前節で述べたように，観光は生活圏を離れて旅行することから，私たちは仕事や家事など生活上の様々な束縛から一時的に解放されます。そして，解放されたことによるくつろぎ感と非日常の楽しい経験は，明日への活力を生み出します。また，訪問先の文化や歴史などに触れ知的欲求を満たし，その土地の人々と交流することは自己実現や生きがいに繋がります。このように観光は，心身の健康と様々な欲求を満たす上で大きな役割を担っています。

1.2.2　経済的効果

　世界旅行ツーリズム協議会（WTTC：World Travel & Tourism Council）によると，2019 年の旅行・観光産業が世界の GDP に占める割合は 10.4 ％で，その貢献額は 9 兆 2,000 億ドルでした。翌年 2020 年は新型コロナウイルスの感染爆発（パンデミック）により，GDP のシェアが 5.5 ％にまで激減しました。しかし，雇用数を見てもパンデミック以前は世界の雇用全体の 10.6% を占めており，旅行・観光産業は世界経済を支えている産業の一つといえます。

　日本では，観光立国推進基本計画（2023 年閣議決定）において，観光

は今後とも成長戦略の柱，地域活性化の切り札としながらも質の向上を重視する観点から，「持続可能な観光」，「消費額拡大」および「地方誘客促進」をキーワードに掲げています。人数に依存しない指標を中心に設定し，持続可能な形での観光立国の復活を目指しています。

1.2.3 地域文化の継承・創造

　その土地ならではの生活様式や景観などの固有の文化は，その時々の地域住民が暮らしを通じて築き上げ，世代を超えて継承されてきたものです。そのような地域文化は，観光資源として大きな価値をもっています。有形の文化財や町並み景観はもちろんですが，それぞれの地域の祭りや行事，知恵・技といった無形のものも重要な資源です。しかし，都市部への人口流出により地方での過疎化や高齢化が深刻化し，地域文化の継承は喫緊の課題です。

　一方で，存亡の危機にある祭りや伝統行事，後継者不足の伝統工芸などの地域文化は，観光者に評価されることによって継承に繋がる場合があります。地域住民は観光者の来訪により，これまで気づかなかった地域文化の価値を，再認識し再発見することができます。ただし，地域文化が観光対象となり商品化されると，観光者のニーズに合わせて変化し，真正性を失うという批判もあります。しかし，文化はこれまでも変容しながら保存・継承されてきました。観光を活用し，時代の変化に合わせて改革し，再創造することは重要な選択肢の一つです。

1.2.4 国際平和

　国際連合が「観光は平和へのパスポート」というスローガンを掲げたのは 1967 年です。各国間での交流を通じて，相互理解することが国際平和に寄与するということを意味します。当時，1 億人強（推定）であった世界の海外旅行者数は，2019 年には 14.6 億人となりました。半世紀で 10 倍以上の成長を実現し，日本の地方都市にも多くの外国人観光者が訪れるようになりました。

　しかし，地球全体で見れば常にどこかで戦争や紛争が起こっています。観光交流が平和をもたらすというのは，間違った解釈なのでしょうか？

15

これまでの 50 年間では，そのことを客観的に証明できていません。これ
からますます国際観光市場は拡大すると予測されています。今後は，観光
による平和促進のためのさらなる取り組みが期待されます。

1.3　観光によるマイナスの影響

新型コロナウイルスパンデミック以前，世界的に観光産業は急成長して
いました。その結果，観光地に訪問者が過剰に押し寄せ，地域住民の生活
や観光者の体験に悪い影響を及ぼすことが報告されるようになりました。
この現象を「オーバーツーリズム（Over Tourism）」といいます。

この用語の定義には様々な試みがなされていますが，多くの場合，
UNWTO が 1981 年に定めた観光地の環境容量（Carrying Capacity）
との関係で説明されています。観光地の環境容量とは，「物理的，経済的，
社会文化的環境を破壊し，訪問者の満足度を容認できないほど低下させる
ことなく，同時に特定の観光目的地を訪れることができる最大限の人数」
と定義されています。オーバーツーリズムとは，この容量を超えて観光地
を利用することを指します。2016 年に，旅行・観光情報の専門メディア
であるスキフト（Skift）社が，この言葉をつくったと言われています[1]。
その後，オーバーツーリズム問題は頻繁にメディアに取り上げられるよう
になりました。

ただし，行き過ぎた観光地化による環境破壊，プライバシーの侵害，交
通渋滞などは 1970 年代から指摘され，日本では「観光公害」という言葉
が使用されていました。

オーバーツーリズムとは何が違うのでしょうか？ 観光公害とは，本来
は先進国の人々が途上国を，または都市部の住民が地方を多く訪れ，自然
環境や生活，文化に悪影響を与えることを指すとされています[2]。一方，
オーバーツーリズムの特徴は，途上国や地方だけでなく，開発が進んだ都
市にも悪影響を及ぼす点にあります。その具体例について，影響を被る対
象別に紹介します。

1.3.1 地域社会

大勢の観光者が訪れることによって，公共交通機関の混雑や交通渋滞が生じます。コロナ禍前の京都市内ではバスは観光者で混雑し，バス停の乗客が乗り切れない事態がたびたび発生していました。京都市はバス1日乗車券の利用者の9割が観光者で，時間がかかってもバスだけで移動する人が多く，バスが混雑する要因になっていると分析しました [3]。バスから地下鉄への分散を図り，バスの混雑解消を目指すために，京都市はバス1日乗車券を2024年3月に廃止しました。今後，地下鉄を利用する観光者が増え，バスの混雑が解消されるかどうかは未知数ですが，オーバーツーリズム対策の一つとしてその効果を注視していく必要があります。

また，公共施設や店舗などの混雑も生じます。金沢市内の中心部にある近江町市場は鮮魚店や青果店など約170店舗が軒を連ねる市民の台所ですが，近年では金沢を代表する観光名所になっています。2015年の北陸新幹線開業後は特に混雑し，市民がゆっくり買い物できない状況も生じています。さらに，地域社会へ与える影響としてゴミの大量排出，水質汚染，悪臭の発生などが挙げられます。

1.3.2 地域住民

観光者が押し寄せることによって，その地域に暮らす住民の生活に大きな影響を与えます。観光者の興味は多様化し，名所旧跡のみならず自文化とは異なる住民の日々の暮らしもその対象となっています。住民の家の敷地に勝手に入る，住居を覗き込む，無断で写真撮影してSNSへ投稿するなどの行為が問題となっています。

岐阜県の白川郷は，1995年に合掌造り集落がユネスコの世界文化遺産に登録されました。世界遺産登録と交通網の整備により，国内外から多くの観光者が訪れるようになりました。SNS映えする写真を撮るために住民の敷地内に観光者が入る，登下校中の子どもたちの写真を撮るなどの問題が生じています。白川村では住民生活とプライバシー保護のため，独自ルールをつくり，宿泊客を除く夜間の観光者の受け入れをしていません。工夫を凝らした漫画で読む観光マナーガイドも作成しています [4]。

　民泊が地域住民へ迷惑をかけることも指摘されています。民泊とは本来，宿泊施設ではない個人宅の一部やマンションの空室などを活用して観光者などに宿泊サービスを提供することを指します。2008 年頃からAirbnb などの仲介サイトの登場によって，観光者へ部屋を貸し出す新しいビジネスモデルが出現しました。京都では，住宅街に夜遅くにスーツケースを引く音が響く，見知らぬ外国人がマンションを出入りする，部屋を間違えた利用者に頻繁に呼び鈴を鳴らされる，ゴミやたばこをポイ捨てされるなどの問題が顕在化しました。そして，民家の窓に「民泊反対」と書かれた貼り紙がたびたび見られるようになりました[5]。

　2018 年に民泊新法が施行され，民泊サービスを提供する場合には都道府県知事への届け出が必要となり，その営業日数は年間 180 日以下に規制されました。京都市では住居専用地域での営業は，1 月 5 日〜3 月 15日に限定するなど独自の厳しい条例があります。京都市ほど厳しくありませんが，多くの地方公共団体が「小中学校の周囲 100m 以内での営業を制限する」など別に規制を設けています。

　しかし，民泊新法ではホテルや旅館では認められていない住宅専用地域での営業が可能になっています。コロナ禍で民泊の利用者が減ったにもかかわらず，宿泊者のマナー問題は解決には至っていません[6]。もちろん，ホスト（民泊事業者）がゲストと交流する，地域の伝統的な文化を紹介するなど民泊ならでは創意工夫がなされているケースも多くあり，民泊が一概に悪いとはいえません。

1.3.3　地域資源

　観光による自然環境破壊の問題は自然が観光対象となる観光地において，オーバーツーリズムという言葉が使われる前から発生しています。大勢の観光者が一挙に観光地を訪れ，観光地の自然環境・生態系を踏み荒らすことによりますが，観光者側だけではなく観光地側にも原因はあります。それは，観光者を受け入れるための大規模な観光開発によるものです。大型宿泊施設を建設し，アクセスを良くするために道路や港湾施設を整備することによって，自然環境・生態系が損なわれます。

　文化財では，遺跡や建造物そのものへの落書きや破壊行為があります。

また，その文化財を説明するための案内板やマナー啓発の看板などが景観を損なう原因になります。地域住民との触れ合いや地域の商店などの住民生活の様子が垣間見える場所は，観光者にとって魅力的な地域資源です。人気観光エリアでは，住民の生活を支えてきた商店が追い出され，観光者向けのレストラン，カフェ，土産屋が町を埋め尽くします。さらには地価や家賃が高騰し，住民は転居を余儀なくされ，地域のコミュニティが崩壊します。このような地域のテーマパーク化は，地域の個性を弱め，結果的に地域の価値を下げることに繋がります。

1.3.4　観光者

交通渋滞や公共交通機関の混雑，そして，ようやく辿り着いた観光地が大混雑している状態では，観光者は目当てにしていた観光資源をゆっくりと観たり，体験したりすることができません。観光者の満足度は著しく低くなってしまいます。このような状況はSNSなどで拡散され，地域イメージに悪影響をもたらします。

京都市では2000年に「観光客5000万人構想」を発表し，2008年に5,000万人を達成し，2015年には過去最高の5,684万人の観光者が訪れました。

図1.2に京都市の観光者数の推移を示します。

図1.2　コロナ禍以前の京都市の観光者の推移
（京都観光総合調査 [7] より作成）

　2015 年に 482 万人だった外国人訪問者は，2019 年には 886 万人と倍増しました。しかし，日本人は対照的に，2015 年は 5,202 万人でしたが 2019 年には 4,466 万人にまで減少しています。すなわち，コロナ禍以前は外国人は増え日本人は減っているという状態でした。

　京都市が実施した満足度調査 [7] によると，「バスを利用したが，渋滞していて時間がかかり，予定どおり行動できなかった」「観光客が増加したため，ゆっくり見物できない」「混雑で，目当てのものが見られなかった」などの不満の声が上がっていました。混雑が日本人の減少の原因であるとは言い切れませんが，いずれにしても日本人に敬遠される場所は，外国人にとっても魅力的な観光地であり続けることは難しいでしょう。

1.4　観光を取り巻く社会環境

　近年では，新型コロナウイルスの蔓延が観光産業に大きな打撃を与えました。UNWTO によると，2020 年の世界の海外旅行者数はパンデミック前の 2019 年と比較すると 74% 減少しました。2022 年には渡航制限の緩和が進み，9 億人を超えました。2021 年の旅行者の約 2 倍となりましたが，パンデミック前の 2019 年比では 37% 減少しています。感染症はこれまでも，2002〜2003 年の SARS（重症急性呼吸器症候群）や 2012 年の MERS（中東呼吸器症候群）など，観光に大きな被害を与えています。

　人口減少も観光に影響を与えます。日本の総人口は，2008 年をピークに減少に転じています。2019 年の日本国内での旅行消費額は 8 割以上が日本人旅行者によるものです。日本人の人口減少はまさに観光産業に大きな打撃となります。しかし，65 歳以上人口は 2042 年頃まで増加すると推計されています。したがって，高齢者の観光促進が一つの解決策となります。詳細は第 3 章で述べています。

　日本の人口が減少する一方で，国連人口基金によると世界の人口は増え続け 2022 年に 80 億人に到達しました。2058 年には約 100 億人に増加した後，2080 年代には約 104 億人でピークに達し，2100 年までその水準が維持されると予測されています。

図 1.3 に海外旅行者数と世界人口の推移を示します。

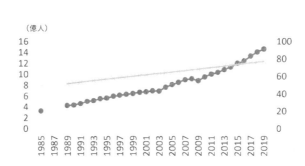

図 1.3　海外旅行者数と世界人口の推移
（Travel & Tourism Economic Impact[8]，世界人口推計 – 2022 年改訂版 –
[9] より作成）

　世界人口に占める海外旅行者数の比率は，1985 年の 6.8 ％から 2019
年には 18.9 ％と上昇しています。今後も人口増加のペース以上に旅行者
数が増加することが予想されます。日本においては 2022 年に世界人口が
1 位となったインドが，今後の伸びが期待できる市場の一つとして注目さ
れます。
　世界的に SDGs（Sustainable Development Goals：持続可能な開発
目標）の取り組みが加速する中，観光産業においても訪問先の環境，社会
文化，経済への影響に十分配慮した観光であるサステナブル・ツーリズム
（持続可能な観光）が注目されています。使い捨てのプラスチック製品を
使わないホテルや地域の自然環境を守る観光イベントを開催する旅館，周
辺コミュニティへの社会貢献に取り組む事業者なども増えつつあります。
観光者や観光事業者，受け入れ地域など観光に関わる全ての人々が，持続
可能な観光を推進していく必要があります。
　観光を取り巻く環境は様々な課題がある一方で，観光 DX（Digital
Transformation）は希望の光です。観光 DX とは，業務のデジタル化に
より効率化を図るだけではなく，デジタル化によって収集されるデータの

分析・利活用により，ビジネス戦略の再検討や，新たなビジネスモデルの創出といった変革を行うものと位置づけられています[10]。9.2 節に具体的な技術について述べています。

演習問題

1. あなたが最近行った観光旅行は，どのような内容でしたか。それはあなたにとって，どのような意義がありましたか。

2. オーバーツーリズムについて，本章で取り上げていない事例を調べてみましょう。

参考文献

[1]　Ali, R.: Exploring the Coming Perils of Overtourism, Skift, 23-08-2016.
https://skift.com/2016/08/23/exploring-the-coming-perils-of-overtourism/

[2]　日経新聞：春秋，（2017 年 9 月 4 日）.

[3]　京都市：バス 1 日券を廃止します - 京都市.
https://www2.city.kyoto.lg.jp/kotsu/vision/file/1dayticket.pdf

[4]　白川村：漫画で読む白川郷マナーガイド.
https://www.vill.shirakawa.lg.jp/2204.htm

[5]　中井治郎：『パンクする京都　オーバーツーリズムと戦う観光都市』，pp.36-41，星海社（2019）.

[6]　橋戸真治郎，蕭耕偉郎，嘉名光市：COVID-19 流行下における民泊の立地動向と民泊に対する住民意識に関する研究，『都市計画論文集』，Vol.57，pp.516-523（2022）.

[7]　京都市：2015 年京都観光総合調査.
https://www.kyokanko.or.jp/wp/wp-content/uploads/2019/05/kyoto_tourism_stat_2015.pdf

[8]　World Travel & Tourism Council: Travel & Tourism Economic Impact 1999-2020 Edition.

[9]　国連経済社会局人口部：世界人口推計 - 2022 年改訂版 - .
https://population.un.org/wpp/Download/Standard/MostUsed/

[10]　観光庁：観光 DX（デジタルトランスフォーメーション）の推進.
https://www.mlit.go.jp/kankocho/shisaku/kankochi/digital_transformation.html

第2章

日本の観光産業の現状と地方創生

2.1　はじめに

　日本は少子高齢化が進行し人口減少時代を迎え，高齢者（65 歳以上）の割合が 29.1 %（2022 年）に達したと総務省・統計局より報告されています。生産年齢人口は約 7,500 万人で，総人口（約 12,600 万人）に占める割合は 60 %，年々減少傾向にあります。

　人口が都市部に集中する傾向もあり，地方の疲弊は深刻となっています。この傾向を緩和する目的として，国土交通省はじめ政府や各自治体から様々な政策が打ち出されてきています [1]。少子高齢化を考慮し，目指すべき方向に向かって地方や日本全体を構築していかなければなりません。少子化対策として男女共同参画の推進や若者のみならず高齢者の雇用，収入の安定が必定です。特に，地方においては少子高齢化に適応できる「社会」を構築する必要があります。

　現在のところ少子高齢化を止める得策はありません。30 年前から，これまで多くの政策が講じられてきましたが，これといった成果が見いだせていない状況です。ある面，国や地方が破綻しないよう国民が生活レベルを緩やかに下げていくことも検討しなければならない時期にあるともいえます。

　都市部より地方における対策の構築が喫緊の課題です。その一つとして「観光」が挙げられます。観光により地方創生や地域活性化が満足できるレベルに到達することは難しいのですが，住民や地域に活力を与える要因を秘めていることは確かです。観光により，地域独自の無理のない経済成長と豊かさを実感できる社会構築を目指す方策を常に検討していくべきです。

　観光による地域活性化には，国内旅行者のみならず訪日外国人（インバウンド）の誘客が重要になります。人口減少時代にあっては国内旅行者の著しい増加は望めません。これまで以上に地域固有の観光資源を発掘・維持する方法を確立しなければなりません。これには観光地域づくり法人（DMO）の主体的な権限と活動が要諦となります。同時に，情報通信技術（ICT）で働き方改革や経営戦略を構築するデジタルトランスフォーメーション（DX），環境に配慮しクリーンエネルギー中心の経済社会シス

テムを目指すグリーントランスフォーメーション（GX），経済発展と社会的課題を解決する Society 5.0，持続可能な開発目標である SDGs に配慮し，目立たなくとも世界から一目置かれる地域を醸成していかなければなりません。

　地域を構築する主体は，政府や地方自治体，地元企業ではありません。そこに生活し，住んでいる「住民」です。住民の意見を最大限に尊重して政策に活用し，生活し幸福感が得られる地域固有のシステムを構築しなければなりません。住民が理解し，受け入れ可能な政策を追求していくことが基本となります。住民とその生活を支える各産業のかけ合わせが "ひと"，"まち"，"しごと" の好循環を構築し，持続可能な地域を構成するといえます [2]。

　当然，そこには将来を見据えた地方自治体や国の関与が求められます。観光による住みよい地域を構築する場合，社会を構成する各機関からの英知を広く取りまとめ，地方のみならず日本の未来を見据えた方策を構築していく必要があります。「社会」と「観光」は地方を創生する二大要因といえます。

2.2　国内旅行者と訪日外国人

2.2.1　日本の現状と国内旅行者

　日本の総人口は 2022 年に約 12,600 万人と報告され，2070 年には 8,700 万人，2100 年には 6,200 万人と推計され，人口減少に対して様々な施策が講じられてきています [3]。これらの施策により，減少傾向が緩やかになることも考えられますが，減少する傾向そのものは変わらないと思われます。ゲームチェンジ（Game Change）となるような施策が講じられ，実のある成果が得られれば別ですが，観光者のように短期間でも滞在する人口を増やし，その地域の人口が維持されているかのような施策もある程度効果があります。

　国内旅行者の動向を図 2.1 に示します。図には延べ宿泊旅行者と日帰り旅行者，それらの合計が示されています [4]。

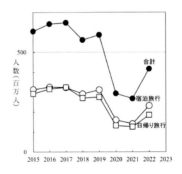

図 2.1　日本人の国内旅行者数

　2019 年までは合計旅行者数が約 6 億人程度で推移していましたが，2020 年 1 月より新型コロナウイルスによるパンデミックが発生し，各国の水際作戦などの規制により国内のみならず世界中の旅行者が著しく減少しました。2021 年の国内の合計旅行者数は 2 億 7 千万人（うち，延べ宿泊旅行者数は 1 億 4 千万人）まで減少し，2022 年以降増加傾向に転じました。

　この間，地方経済は疲弊し中小の宿泊・飲食業を中心に倒産が相次いで起こり，地方は厳しい状況を体験しました。疫病発生時におけるワクチン開発や流行時の体系的な対策を平時より構築しておき，被害を最小に抑えることが強く求められます。感染症発生時の危機に備えた対策は，政府主導で常に検討していかなければなりません。

　新型コロナウイルス発生前である 2019 年の日本国内における旅行消費額の内訳を図 2.2 に示します[5]。パンデミックで広範囲な“規制”が実施されていた 2020〜2022 年におけるデータに関する議論は，本書では別の機会に委ねるべきと考えています。訪日外国人旅行者の消費額（4.8 兆円）も含まれ，合計約 28 兆円となっています。経済波及効果も含めると約 55 兆円，雇用誘発効果は 450 万人に及び，女性や外国人が多く就業しているとの推計もあります。日本人国内宿泊旅行の 1 人 1 回当たり旅行単価は約 ¥55,000 ／人，日帰り旅行が ¥17,300 ／人と報告されています。宿泊旅行は日帰り旅行の 3 倍超の消費効果があり，経済効果のウェイトが高いといえます。

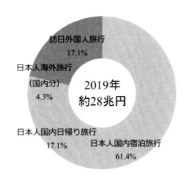

図 2.2　2019 年日本国内における旅行消費額

　同年の宿泊施設のタイプ別客室稼働率を表 2.1 に示します。シティホテルやビジネスホテルの稼働率が高く，旅館は低い傾向にあります。平日利用が多いビジネス客は旅館に宿泊せずビジネスホテルを利用し，旅館を利用する宿泊者は休祭日に集中する傾向にあります。若者の生活スタイルが洋風化しベッドなどの利用者が多くなり，旅館利用者は高齢者が多く利用曜日にもバラツキが出ています。

表 2.1　2019 年宿泊施設のタイプ別客室稼働率

タイプ	稼働率 (%)	利用割合 (%)
シティホテル	79.5	37.9
ビジネスホテル	75.8	17.5
リゾートホテル	58.5	15.3
旅館	39.6	9.0
その他		20.3
	合計	100

　政府は，国内総生産（GDP：Gross Domestic Product）における観光産業の占める割合を「観光 GDP」（国内で生産した観光サービスによる付加価値額）とし，常にその割合の向上策を検討しています。2019 年は 11.2 兆円を記録して全体での比率は 2.0 ％にとどまっています。スペインは 7.3 ％，イタリアは 6.2 ％です。先進 7 か国（G7）の中で日本を除い

た 6 か国の平均は 4.0 ％でした。このデータからも日本の観光産業には伸び代が期待できます。それには売上高を上げ（単価や顧客数の増加），DX により生産性を向上させることは必須となります。少なくとも日本を除く G7 の平均である 4.0 ％を達成したいものです。

2.2.2　訪日外国人旅行者

　訪日外国人旅行者は，インバウンド（Inbound）とも称されています。これは国境を越えて入国することから派生した言葉といえます。海外では「Foreign Tourist」などと称されます。一方，日本人が海外に出かける場合はアウトバウンド（Outbound）といいます。インバウンドとアウトバウンドの人数とその消費動向をデータとして把握しておくことは，国のみならず地域にとっても経済効果向上策に活用するために必須となります。

　データや根拠に基づいた政策立案として EBPM（Evidence-Based Policy Making）という言葉が用いられており，観光産業においてもデータサイエンスの必要性が高まっています。あらゆるデータが政策立案の根拠として採用されつつあります。

　2003 年 1 月に当時の内閣総理大臣小泉純一郎氏がインバウンド（2003 年 520 万人）とアウトバウンド（約 1,330 万人）の差を縮小して観光立国を目指す構想を発表しました。当時，2 倍以上の差があり日本人の海外旅行意欲の高さが世界的に認められていました。この構想がビジットジャパンキャンペーン（VJC：Visit JAPAN Campaign）です。これ以降，国や地方を問わず様々な訪日旅行者増加策が講じられてきています。

　図 2.3 はインバウンドの推移を示しています。VJC によりインバウンドが 2019 年まで順調に増加してきましたが，2020 年 1 月に国内で初めて COVID-19 感染者が発生し，海外からの入国者を制限する水際作戦などにより，インバウンドのみならずアウトバウンドが急激に減少しました [6,7]。

　図 2.4 はコロナ禍前の 2019 年における日本におけるインバウンドの各国／地域の割合を示しています。総数は約 3,188 万人で，中国から 30 ％にも達します。韓国からは 18 ％占めます。台湾 15 ％，香港 7 ％で中華圏から 52 ％余りとなります。中国の政策や動向を注視しながら交流増加策

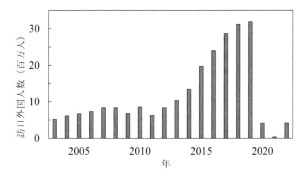

図 2.3　インバウンドの推移

図 2.4　2019 年のインバウンド発地国・地域の割合

を構築していく必要があります。タイ 4 ％も含めるとアジアから 60 ％近くに達します。日本の近距離圏であるアジア諸国を重要視するとともに，交流増加策に注力していくことが望まれます。アジア諸国の一人当たりの GDP も増えつつあり，日本との経済格差も縮小する傾向にあります。

　世界の外国人旅行者受入ランキングを図 2.5 に示します [8]。トップはフランスで 8,810 万人です。中国はアジア圏トップで 6,573 万人です。タイの 8 位（3,992 万人）は注目に値します。日本は 3,188 万人で 12 位です。日本の観光資源や交通インフラを考慮すると，まだまだ向上する潜在能力があるといえます。日本人の海外旅行者数は約 2,000 万人で世界 14 位でした。VJC 以降，様々な施策が講じられ，インバウンドがアウトバウンドの 1.5 倍にも達し，VJC とその後の施策効果が表れています。

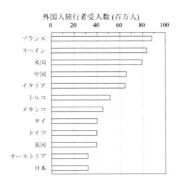

図 2.5　　2019 年外国人旅行者受入ランキング

　観光は，各国の経済に多大な貢献をもたらします。国連世界観光機関（UNWTO：The World Tourism Organization of the United Nations）の発表による国際観光収入ランキング（2019 年）を図 2.6 に示します。国際観光収入とは，海外からの旅行者が滞在する国や地域で食事や宿泊などにかけた支出のことです。発地する国や地域からの往復などにかかる国際旅客運賃は含みません。金額は米ドルで示されており，為替レートにより順位が変動することもあります。

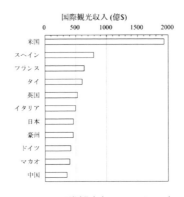

図 2.6　　国際観光収入ランキング

　順位は図 2.5 とは少し異なり，1 位の米国はハワイやグアムを含む多く

の観光都市や観光資源を有しています。また，国策として観光産業育成に力を注いでおり，観光者が滞在中に支出する金額が大きい傾向があります。世界の中での日本の観光競争力を高める必要があります。「2023 年世界競争力ランキング」を表 2.2 に示します。

表 2.2　2023 年版世界競争力ランキング
（国際経営開発研究所（IMD，スイス））

2023 年版 世界競争力ランキング	
1	デンマーク
2	アイルランド
3	スイス
4	シンガポール
5	オランダ
6	台湾
7	香港
8	スウェーデン
9	米国
10	アラブ首長国連邦
⋮	
21	中国
⋮	
27	マレーシア
28	韓国
⋮	
30	タイ
⋮	
34	インドネシア
35	日本

　これは，観光産業に限定したものではなく，下記の 4 項目で競争力を評価したものです [9]。

　　　　1. 経済実績　　　　2. 政府の効率性
　　　　3. ビジネスの効率性　4. インフラ

　日本は，3以外の項目の評価が低く順位を落としています。アジア圏の中でも後塵を拝し35位に甘んじています。観光産業においてもこの4項目に注視しながら国全体の競争力向上を検討していかなければなりません。観光産業においてはビジネスの効率性も向上させる必要があります。各項目は産業ごとに長短があり，それを認識・考慮し改革し続けることが日本の競争力向上に繋がります。

2.2.3　インバウンドによる観光収入増加策

　日本を旅行するインバウンドの観光満足度を向上するとともに生産性を向上させることは日本の観光産業を発展させ，「観光立国」を構築する最も重要な要素です。すなわち，客単価を向上し顧客数を増加させ，下記の値の増加を意識しつつ労働環境を整備していくことが求められます。
　もちろん宿泊業だけでなく，お土産やイベント，体験などの消費も含まれます。各企業・地域がデジタル技術を駆使し労働従事者のみならず地域住民の生活を向上させる DX が要となります。

　　　客単価 × 顧客数

2.3　Society 5.0 と SDGs

　地方在住者はもとより，そこで働いている就業者の生活を向上していく必要があります。各地域が固有の施策により，住む人・働く人の生活環境向上を図り，日本全体として豊かな生活環境の醸成が見えてきます。その根幹となるのが，Society 5.0 と DX，GX，SDGs といえます。これらの導入による成功事例を集め，横展開する仕組みが求められます。
　日本政府は，Society 5.0 として IoT（Internet of Things）や AI 技術を用い，複数の業種にわたり全ての人とモノが繋がる社会を目指しています。これにより経済発展と社会的課題を解決し，人間中心の社会

（Society）を形成します。全てが地域社会構築に連動します。

　日本は少子高齢化に伴う労働人口減少や地方の過疎化，都市部への富の集中など多くの社会問題を抱えています。経済を持続的に発展させていくには，これらの課題を解決する対策を講じていかなければなりません。Society 5.0 で唱えられている先端技術を導入し，いつでも誰もが対等なサービスを受けられる社会を構築し，地域社会に潜んでいる問題を解決すると同時に経済発展をも達成するものです。

　Society 5.0 のメインテーマは，サイバー空間（仮想空間）とフィジカル空間（現実空間）の高度な融合を図ることとあります。サイバー空間とは巨大なデータ群であるビッグデータ（Big Data）などを指します。フィジカル空間で収集し蓄積された情報を AI により解析し，新たな価値を人間社会に還元していく社会を構築します。また，デジタル技術を社会に浸透させ人間の生活をより良いものへ変革する DX も浸透させます。

　日本の経団連は DX について，「企業がビジネス環境の激しい変化に対応し，データとデジタル技術を活用して顧客や社会のニーズをもとに，製品やサービス，ビジネスモデルを変革するとともに，業務そのものや組織，プロセス，企業文化・風土を変革し，競争上の優位性を確立すること」と定義しています。デジタル技術を用いて企業の仕組みをより良いものに改革し，業務効率を上げていくことを指しています。

　Society 5.0 と DX はいずれも AI や IoT を活用し業務効率改善を目指すものです。ただ，Society 5.0 と DX は取り組みの目的が違います。Society 5.0 は経済発展と社会的問題解決の両方を求めています。DX はこれまでのシステムを改善して人手不足を補い，さらなる業務の効率化を目指しています。いずれも社会問題の解決を目指している点では同様です。Society 5.0 を実現するための一つの手法としての DX が挙げられ，これらの関係を図 2.7 に示します。

　DX は，AI やビッグデータ，IoT のみならず所有しているパソコンからサーバー上にある各種のサービスを利用するクラウドシステム（Cloud System）によって構築され，社会問題解決や経済発展を達成して Society 5.0 が成就されます。

図 2.7 各種情報通信技術を駆使し DX から Society 5.0 へ

2015 年 9 月 25 日に国連総会で持続可能な開発のための国際目標とし
て SDGs が採択されました [10]。17 の目標とその下に，169 の達成基準，
232 の指標が決められています。世界共通の目標として「誰一人取り残さ
ない（leave no one behind）」持続可能な社会の実現を目指すものです。
2030 年を達成年限としています。日本政府も再生可能エネルギーや食糧
問題に関して積極的に取り組む姿勢をとっています。観光産業だけでなく
全産業が一丸となって 17 の目標達成に向けて取り組んでいく必要があり
ます。これにより日本のみならず全ての国々が地球規模での課題解決に関
与していくことになり国家間の連携にも繋がります。

　近年，生態系や環境再生のアプローチを意味するリジェネラティブ
（Regenerative）という言葉が用いられています。これまでの "持続可能
な" を意味するサステナブルは環境の損害を減らすことを目的としていた
のに対し，リジェネラティブは生態系を活性化し環境を再生する意味があ
ります。各地域においても，リジェネラティブな社会構築に向け，自然環
境や社会を回復・再生する手法を取り入れる意味が含まれています。地域
住民が協働して環境破壊や社会的不平等などの解決に向け取り組むととも
に，その地域の経済の発展や文化の継承にも注力し，地域の人々が豊かな
生活を送る社会を構築する意味を含んでいます。この取り組みが国全体の
豊かな社会形成になります。

2.4　地方活性化と DMO

　地方の活性化には，「住民」の力と智慧が要となります。政府は地方の

活性化には，農業，観光，イノベーションの三要素を挙げています[11]。イノベーション（Innovation）とは，モノや仕組みのみならずサービス，組織，ビジネスモデルなどに新しい思考や技術を取り入れ新たな価値を創造し，地域社会にインパクトのある変革をもたらすことを意味します。この三要素の発展により地方の生産性が向上し，付加価値の高いサービスを提供することに繋がります。農業においては，肥料や農薬を用いない自然農法や有機農法により農産物を収穫することで付加価値の高い農産物を出荷し観光者に提供することもできます。観光においては，地域ごとの歴史文化を含め各観光資源の "みせる工夫" が求められます。

もちろん，コンピュータを用いて，予め視覚や聴覚，触覚など五感に訴える仮想現実（VR：Virtual Reality）による体験なども有効です。ライブカメラにより目的地の状況を把握し AI を用いて観光者の要求を満たす行程を提供することも観光者の満足度を高め，危惧される諸事項をかなり減らすことができます。一つずつ観光者の満足度を高め，総合評価を向上させていくことが基本となります。これにより地域農業だけでなく，経営として観光地が成り立つことになります。

観光地において，土産物店は地域の工芸品のみならず農産物を含むあらゆる物産を観光者に販売して地域経済に貢献します。レストランでは地域の食材を利用して訪問者に付加価値があり，満足される飲食を提供します。ホテルや旅館では観光者に宿泊場所とともに各種サービスを提供します。ビジネスとして営業する個々の店舗やホテル・旅館は商品のみならずサービスも提供しています。

しかしながら，さらなる誘客に向けて地域の魅力を発信するプロモーションや集客などにおいては，各店舗の営業力には限界があり，地域が一体となった活動が必要となります。それを担うのが「観光地域づくり法人」です。一般に DMO（Destination Management / Marketing Organization）と呼ばれます。

DMO は観光地域づくりの中心的な組織として，地域のビジネスを担う担当者と住民（民），地域の自治体（官）などと連携し観光者の誘致や地域の情報発信などの方策について決定・実施します[12]。DMO は欧米から始まり，2007 年に UNWTO がそのあり方や任務を明確化しました。

日本においてもグローバル化が進行して DMO に期待する役割には大きいものがあります。世界中で DMO が活躍中です。

　観光庁は日本版 DMO に，地域の「稼ぐ力」を引き出し，地域への誇りと愛着を醸成する「観光地経営」の視点に立った観光地域づくりの舵取り役となることを期待しています。これにより東京一極集中を防ぎたい思惑があります。その組織構成を図 2.8 に示します。

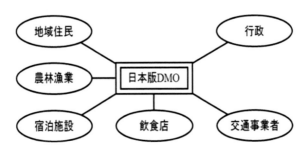

図 2.8　　日本版 DMO の構成組織

　観光庁では日本版 DMO を次の 3 つに分類し，合計約 270 件（2023 年3 月）ほどあります。広域連携 DMO，地域連携 DMO，地域 DMO，全ての DMO が順風満帆とはいえません。単に稼ぐのではなく地域住民の意思を尊重した施策が必須です。観光地の魅力を維持していくためにもDMO の活動は重要となります。

　そもそも観光地の魅力は未来永劫維持されません。必ず観光者に飽きられるときが到来します。1980 年に英国サリー大学のリチャード・W・バトラー（Richard W. Butler）は，観光地は発展から成熟期を迎え停滞する時期が必ず到来すると述べています。停滞時にいかに新たな "仕掛け" を講じるかが求められます。

　何も施策を打ち出さない場合は，時と場合によっては衰退に向かうことがあります。時代に整合して住民も納得する仕掛けであるならば再生へと向かい，さらに発展することになります。これを図 2.9 に示します。現状ではそのカギを握るのは各 DMO であるといえます。少子高齢化が進行

している日本の状況を鑑みると，多種多様な観光資源を提供する方向から地域固有なものに限定した「量から質」へ舵を切る時期に来ていると考えられます。さらに，住民の生活と共存した地域のコンセプトが他地域より魅力あるものである必要があります。その魅力が地域のウリになり，観光者の訪問の動機づけとなります。

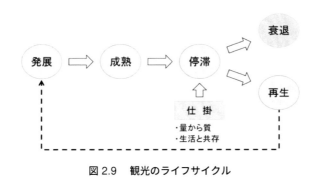

図 2.9　観光のライフサイクル

2.5　ゴールデンルートからゴールデンループ

　人口や観光者の東京一極集中を防ぐためにも，地方における訪問者を増やして活性化するとともに観光地経営を充実させていく必要があります。このためには，地方の観光を産業として充実し認められるようにすることが重要です。まずは地方に訪問者を増加させ，観光を基軸として経済的に発展する仕組みを構築する必要があります。その事例として「ゴールデンループ」を発展させる案について述べます。

　まず，ゴールデンルートとはインバウンドが東京－箱根－富士山－名古屋－京都－大阪などを巡る広域の観光周遊ルートです。これらの観光地にはインバウンドが魅力を感じる観光資源が多くあり，さらに費用を抑えながら日本を代表する都市を効率良く訪れることができます。このルートには基幹となる交通として東海道新幹線が営業しており，訪問者のアクセスも非常に良好で好評です。初めて日本を訪問するインバウンドにとっては

大きな魅力があります。

　多くの訪問者が訪れるため，これらの地域で「観光公害（オーバーツーリズム）」が発生しています。これは，あまりに多くの観光者が訪問することにより，ごみのポイ捨てや交通渋滞など地元住民が受け入れがたい状態の発生，観光地開発による環境破壊や悪化，これらに伴う文化財や遺跡の損傷，民家や立ち入り禁止区域への侵入などのトラブルを意味します。かなりの部分は地域の観光者のキャパシティーを超えたために生じています。

　観光公害を防ぐためにも，ゴールデンルートから地方への誘客が強く求められます。幸い日本は新幹線網が発達し，移動の利便性には高い評価を得ています。北海道から九州まで新幹線で繋がっていることは大きなウリになります。四国新幹線の敷設の要望も提出されています。北陸や長野には，さらに多くの国内観光者やインバウンドを受け入れる潜在能力があります。

　北陸新幹線は下記に示すように，現在は福井県敦賀市まで接続されています。将来は大阪まで延伸され約 700km に至る日本海側の基幹交通網を構成する予定です。

　　東京 - 長野 - 上越妙高 - 富山 - 金沢 - 福井 - 敦賀・・・・（新大阪）

　当面，敦賀からは特急により名古屋や大阪に接続されます。ゴールデンルートと合わせ，太平洋側と日本海側を接続するループが構成されます。これを北陸経済連合会は「ゴールデンループ」と提唱し，観光者の利便性向上のみならず南海トラフなどの災害時対策にも活用効果が大きいと期待されています。なお，福井県敦賀駅から東海道新幹線米原駅までの距離は 46km 程度であり，敦賀から米原まで新幹線を延伸する案もあります。コストは抑えられますが，将来的な経済効果など様々な視点から検討されています。

　さらに，東京から大阪に至る「リニア中央新幹線」も検討されています。リニア中央新幹線が完成すれば東海道新幹線の混雑はかなり緩和されることが予想されます。これら将来展望を鑑み多面的に検討される時期にあります。何よりも，予算を考慮し国民が納得するルートを提案すること

が必須です。経済的な面からゴールデンループ活用が示唆されています。

2.6　地方創生に向けて

　少子高齢化による人口減少時代において，地方自治体の多くは疲弊する傾向が強くなっています。さらに，都市部への人口集中がそれに拍車をかけています。これらを幾らか緩和するために交流による "滞在人口" を増やす観光産業の発展は必須となります。観光産業は旅行業のみならず交通，宿泊，飲食，アミューズメント，土産品店など，幅広い旅行関連分野を包含した産業といえ，日本経済に与える影響は非常に大きなものがあります。

　人の交流を介して地域経済を活性化する効果は大きく，訪問者と住民の相互理解にも繋がります。グローバル化時代にあってはインバウンドとの交流は特に重要となります。海外との交流進展は「日本外交」にも好影響を及ぼします。2020 年から様々な規制をもたらしたコロナ禍により，観光産業は深刻な影響を受けました。2023 年より規制の多くが解除されていますが，宿泊業においては多くの離職者があり人手不足の状態に陥りました。

　元来，観光産業の労働生産性が良くなく賃金も低い状況にありました。これらを解決するために ICT の利活用を進め労働生産性を向上させ，観光者の利便性を向上させることが強く求められています。たとえ評価される件数や割合が少なくても，利便性が向上したとの評価を積み重ねていくことが必要です。このためには，観光 DX の導入が求められています。さらに DMO の活用を積極的に進め，実のある実績を構築する必要があります。

　また，地域（住民）と多様な関わりをもつ地域外からの関係人口を増やすことも必要です。関わりとして，地域での農業体験やお祭りをサポートするなど様々な関係を構築できます[13]。

　さらに，関係する地域の将来や懸案事項の解決策などの策定に関わることも考えられます。費用が発生する場合，クラウドファンディングによる

支援も考えられるでしょう。地域を訪れた観光者の幾人かが関係人口となり，定住に至れば地域にとって大きな効果を生むことになります。このプロセスを図 2.10 に示します。

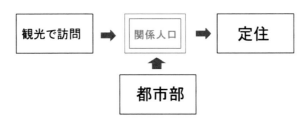

図 2.10　観光者から関係人口へ，そして定住へ

　都市部からの関係人口があれば，偏在する人口の緩和にも繋がります。姉妹・友好都市提携も，交流の源になる可能性があります。姉妹都市も友好都市も同じ意味と考えてよいです。この提携は文化交流や親善を目的とし，地方政府同士の関係を意味します。国同士の外交関係とは別のものです。国同士が政治的にぎくしゃくしていても姉妹・友好都市間で交流を進めることが可能です。ただ，多くの場合，政府の意向に沿って交流することがほとんどです。グローバル化を考慮すると，費用面を考慮しつつ多くの都市と提携し，飛行機の定期便が運行するようになれば大きな経済効果が生まれます。

　最近では，修学旅行で海外の姉妹都市を訪問する機会も増えています。若者のみならず多くの世代間の交流に繋がるように仕掛けることが効果を最大化することとなります。このとき，住民目線による政策を構築しておかなければなりません。国際会議の誘致も交流に大きな貢献を果たします。学術関係者は訪問地の歴史や文化に興味を示し，経済的にも大きな効果を発揮しています。国際会議はグローバル化にも寄与します。

　住民が地域に愛情や誇りをもっていないとグローバル化の進行は限られたものになります。地域に対する住民（市民）の誇りを指す言葉として，シビックプライド（Civic Pride）があります。これは 19 世紀のイギリスで興った概念です。日本語の「郷土愛」（生まれ育った地域への感情）と

は少し異なります。シビックプライドはおもてなしにも繋がり，国際会議参加者の訪問満足度を高めます。

2.7 災害時における避難所

日本は自然災害多発国であり，留意しておかなければならない点が多々あります。何よりも災害発生時には，観光地を訪れている観光者も住民同様に身体の安全・安心を確保されなければなりません。障がい者や高齢者など支援を要する弱者はもとより，訪問地の地形やコミュニティの状況を把握していない在住外国人を含む観光者には格段の注意を払う必要があります。在住外国人やインバウンドは災害時の警報の意味を十分に理解していないことが多々あります。このような人々への配慮があってこそ「観光立国 日本」が構築されます。

災害時に設置される避難所においては，主義や慣習の異なる住民のみならず，文化や習慣も異なる外国人が同時に入所することが考えられます。トイレやベッドなどの設置，医療体制などの工程を予め構築しておく必要があります。石川県能美市においては，外国人への災害時のガイドラインとして以下の項目の充実を挙げています。

① 避難誘導標識や避難場所は住民にとって分かりやすく多言語化
② 外国人観光者や介助が必要な訪問者への情報伝達体制
③ 多言語による防災知識の普及
④ 外国人の防災訓練への参加促進
⑤ 地域全体で外国人への支援体制・救援体制の整備

いずれも，スマートフォンなどの情報通信機器の利活用により促進されます。災害時の外国人に対する支援体制はスマートフォンの活用が要となります。避難訓練への参加も容易に連絡でき，通信により多言語で繋がる体制を構築できます。災害発生時においては，災害センタを設置して必要な処置をとるように図っていかなければなりません。センタ内での対策のみでは不十分であり，常に災害現場の状況やSNSからの発信情報，気象

庁から提供される地域の情報を複合的に収集し，様々な判断に資することが求められます。けがや病状により，緊急度や重症度に応じて適切な処置や搬送を行うトリアージ（Triage）を採用しなければなりません。これは，傷病者に治療優先順位を決めます。

図 2.11 にこれをまとめて示します。

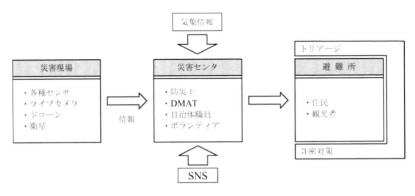

図 2.11　災害センタの役割

災害現場からの情報として，ライブカメラや各種センサ（水位，雨量，風量など）からの情報は有効ですが，状況により情報を得られない場合もあります。衛星からの情報も収集できるようにしておく必要があります。災害派遣医療チーム（DMAT : Disaster Medical Assistance Team）が災害センタに配置されることで，入所者の安心感がさらに増します。

2.8　まとめ

日本における観光者の動向や地方創生の要点について述べてきました。これから観光の重要性が高まっていくことは疑う余地はありません。また，国内のみならず海外との交流は進めていく必要があります。人口減少時代にあっては地域外の人との交流が重要となります。交流による地域外の人の英知を活用していくことは必須となります。外国との交流は「外

交」にも大きく貢献します。これらを鑑み地域構成に観光を取り入れていく必要があります。もちろん，地球温暖化や SDGs など国連の動向にも注視し，政策を立案しなければなりません。

　何よりも大切なことは訪問者が安全・安心な地域であることを認識し，また，地域住民も人種や発地国・地域の区別なく地域を構成する必要があります。そのためにも他国の文化や習慣を理解する造詣が深い人材も必要となります。一人一人の専門的な分野（得意な分野）を活用する仕組みづくりが重要となります。

演習問題

1. 昨年の旅行収支について調べ，2019 年と比較しその特徴を述べなさい。
2. 日本の各自治体が提携している姉妹・友好都市の総数を調べなさい。また，各自が在住している県内の各自治体の姉妹・友好都市提携している都市を調べ，その背景を述べなさい。

参考文献

[1] 山崎福寿：都市集中のメカニズムと地方創生の問題点，『土地総合研究』，2015 年夏号，pp.113-120 (2015).

[2] 国土交通省：「まち・ひと・しごと創生」に関する主な施策等について，(2014).

[3] 厚生労働省：厚生労働白書，(2023).

[4] 国土交通省観光庁：観光白書，(2023).

[5] 観光庁：旅行・観光消費動向調査 2022 年年間値，(2023).

[6] 栗原剛，坂本将吾，泊尚志：訪日リピーターの観光消費に関する基礎的研究，『土木学会論文集 D3』，Vol.71，No.5，pp.I_387-I_396 (2015).

[7] 日本政府観光局：訪日外客数，(2023).

[8] 観光庁：統計・情報白書，(2021).

[9] 観光庁：観光白書，(2021).

[10] 蟹江憲史：『SDGs（持続可能な開発目標）』，中央公論新社 (2020).

[11] 田坂逸朗：地域イノベーション論のケーススタディ，『ひろみら論集』，第 3 号，pp.65-94 (2017).

[12] 岩田賢：我が国の DMO におけるマーケティング概念の捉え方の考察，『日本国際観光学会論文集』，第 28 号，pp.39-50 (2021).

[13] 作野広和：人口減少社会における関係人口の意義と可能性，『経済地理学年報』，第 65 巻，pp.10-28 (2019).

第**3**章

高齢者観光

3.1 はじめに

観光庁の旅行・観光消費動向調査 [1] によると，2019 年の日本人の国内宿泊旅行者数は 3 億 1,162 万人であり，前年比では 7.1 ％増となりました。これは 2018 年の日並びの悪さや自然災害，天候不順などにより旅行者数が減少したことによるもので，コロナ禍を除く近年では横ばい傾向です。

図 3.1 に日本の将来推計人口を示します。

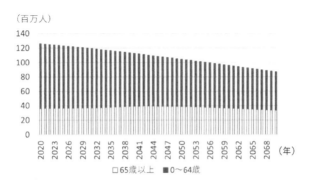

図 3.1　年齢区分別総人口の推計
（日本の将来推計人口（令和 5 年推計）[2] より作成）

日本の総人口は 2008 年の 1 億 2,808 万人をピークに減少に転じ，その後長期の人口減少過程に入っており，2070 年には 8,700 万人になると推計されています。人口減少による国内旅行市場の縮小が懸念される中，2003 年 1 月に小泉純一郎内閣総理大臣（当時）による観光立国宣言がなされました。その後，2007 年に観光立国推進基本法の施行，2008 年には観光庁が設置されるなど，積極的に政策が推進されてきました。

その成果として，2003 年に 521 万人だった訪日外国人旅行者は 2013 年には 1,036 万人，2019 年には過去最高の 3,188 万人となり，政府が目標として掲げていた 2020 年の 4,000 万人に向かって着実に進んでいました。しかし，新型コロナウイルスの影響で海外からの入国制限を実施する

こととなりました。2023年には制限が段階的に解除されましたが，2019年比では8割弱となりました。

　各地域はインバウンド需要を取り込み地方創生に繋げるため，情報発信や受け入れ環境整備を行ってきました。しかし，外国人の日本訪問は感染症のみならずその国の情勢や日本との関係などに影響を受けやすく，安定的な旅行者の確保のためには，インバウンド誘致に加えて他の施策も必要です。

　そこで，本章では今後20年程度人口増加が期待できる高齢者の観光動向と旅行に対する意識を示し，高齢者の観光推進のための取り組みを紹介します。

3.2　高齢者の観光動向

　世界の高齢化は今後半世紀で急速に進展することから，観光産業において高齢者は今後最も重要なセグメントになると指摘されています[3,4]。Eurostat[5] によると，EU居住者の65歳以上の旅行者は64歳以下に比べより長期の観光旅行をし，居住国内の旅行（国内旅行）をする傾向が高かったと報告されています。日本の総人口は減少していますが，図3.1に示したように65歳以上人口は2020年に約3,600万人で，2043年頃まで増加すると推計されています。日本においても，観光産業において高齢者は重要なセグメントといえます。

　特定非営利活動法人日本ファイナンシャル・プランナーズ協会（日本FP協会）が全国の20歳代から70歳代の男女を対象に実施した「世代別比較 くらしとお金に関する調査」[6] において，「老後の生きがいとして楽しみにしていること」を図3.2に示します。「旅行・レジャー」が最も高く，全世代では46.2％が選択しています。特に60歳代は58％，70歳代は60％となっており，他の世代に比べ高齢者がより楽しみにしていることがわかります。

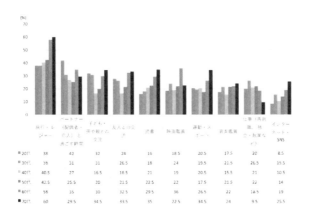

図 3.2　老後の生きがいとして楽しみにしていること
（世代別比較 くらしとお金に関する調査 2018[6] より作成）

　内閣府が全国の 60 歳以上の男女 6,000 人に実施した日常生活に関する意識調査 [7] において，「今後取り組んでみたい活動」を図 3.3 に示します。

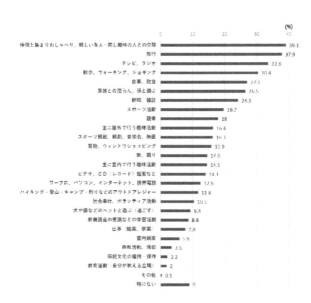

図 3.3　今後取り組んでみたい活動
（平成 26 年度高齢者の日常生活に関する意識調査結果 [7] より作成）

仲間と集まりおしゃべりをすることや，親しい友人・同じ趣味の人との交際が最も高く 39.1 ％を占めています。次に，旅行が 37.9 ％です。そして，居住地を離れた活動とならないものも含まれますが，スポーツ観戦，観劇，音楽会，映画で 16.3 ％，ハイキング・登山・キャンプ・釣りなど自然の中で行うアウトドアレジャーで 11.8 ％とあり，観光の範疇に入る活動に対する意向が強いことがわかります。

図 3.4 に，2019 年の国内で宿泊を伴った観光・レクレーションを目的とした旅行の年代別平均回数を示します。

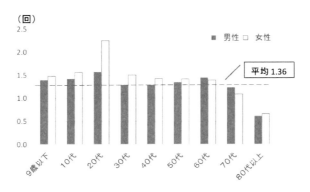

図 3.4　年代別国内観光旅行回数
(2019 年旅行・観光消費動向調査 [1] より作成)

国民 1 人当たりの旅行平均回数は 1.36 回で，男性の全世代の平均は 1.32 回，女性の平均は 1.40 回でした。年代別で見ると，20 歳代の女性が 2.25 回と突出して高くなっています。60 歳代は男女ともに平均を上回っていますが，70 歳代では男性は 1.24 回，女性は 1.09 回に減少し，80 歳代ではさらに少なくなっています。

令和 2 年版観光白書によると，2019 年の日本国内における旅行消費額は 27.9 兆円でした。そのうち，訪日外国人旅行者による消費は 4.8 兆円で国内旅行市場の 17 ％程度を占めるに過ぎません。日本において，70 歳以上の旅行の回数や日数を増やすことは，人口減少により国内旅行市場が縮小する対策として有効であることがわかります。

3.3　高齢者の旅行に対する意識

本節では観光の動機にはどのようなものがあるか，それは年齢によって違いがあるのかなどについて国内外の調査結果を見ていきます。さらに，高齢者の旅行を促進するために，何が阻害原因となっているのかを紹介します。

3.3.1　観光動機

観光動機に関する研究において，プッシュ要因（Push factors）とプル要因（Pull factors）に基づいたものが広く議論されてきました [8,9]。佐々木 [10] によると，プッシュ要因は旅行や休暇を過ごす行動をする際の基礎的欲求である心理的・内部的な要因であり，多様なタイプの生活行動の中で特に旅行という行動を発動させる機能を果たすものです。

他方，プル要因は具体的な目的地の選定を左右する自然・文化的要素，雰囲気，娯楽機会などの魅力要因でどこへ，いつ，どんな形で旅行するかを決める際に影響するものです。Sangpikul[11] はタイへの日本人高齢旅行者に対しプッシュとプルの概念的枠組みを適用し，「新奇性の追求と知識欲」「文化的または歴史的な魅力」がそれぞれ最も重要なプッシュ要因とプル要因であることを明らかにしています。

観光産業において高齢者市場が重要なセグメントとして期待されていることを背景に，近年では高齢者に特化した観光動機に関する研究がヨーロッパ，アジア，アメリカ，オーストラリアを中心に行われています。ヨーロッパの 35 か国の高齢者を対象にした研究で，観光の動機は時の経過とともに進化と変化をし続けるという報告 [12] がある一方で，時が経過しても観光動機は変化しないとする研究もあります。

例えば，Chen and Shoemaker[13] は 1986 年，1996 年，2006 年に収集したアメリカ人の高齢者のデータについて比較を行い，観光動機には大きな変化はないと報告しています。また，対象者の属性や調査方法の違いにより，様々な高齢者の観光動機が示されています。Otoo and Kim[14] は，1980 年から 2017 年に出版された高齢者の観光動機に関する論文の分析を行い，50 歳以上に焦点を当てた 36 編から得られた 651 の観光動

機を，共通性から 65 に整理しています。

　公益財団法人日本交通公社は 1978 年から独自調査を行い，観光市場の動向を概観する報告書を毎年発行しています [15]。その中で，旅行の動機について報告しています。

　「国内宿泊旅行または海外宿泊旅行をしてみたいと思う動機」として当てはまるものを，予め用意した選択肢から複数回答した結果を表 3.1 に示します。

表 3.1　年代別性別の旅行動機
（旅行年報 2022[15] より作成）

男性 20 代		%	女性 20 代		%
1 位	思い出をつくるため	64.0	1 位	旅先のおいしいものを求めて	71.6
2 位	日常生活から解放されるため	61.6	2 位	日常生活から解放されるため	68.2
3 位	旅先のおいしいものを求めて	52.3	2 位	思い出をつくるため	65.9
男性 30 代			女性 30 代		
1 位	思い出をつくるため	58.2	1 位	旅先のおいしいものを求めて	77.3
1 位	旅先のおいしいものを求めて	58.2	2 位	思い出をつくるため	76.3
3 位	日常生活から解放されるため	57.1	2 位	日常生活から解放されるため	75.3
男性 40 代			女性 40 代		
1 位	日常生活から解放されるため	71.9	1 位	日常生活から解放されるため	74.2
2 位	思い出をつくるため	60.3	2 位	旅先のおいしいものを求めて	67.7
3 位	旅先のおいしいものを求めて	58.9	3 位	思い出をつくるため	62.1
男性 50 代			女性 50 代		
1 位	旅先のおいしいものを求めて	66.7	1 位	日常生活から解放されるため	80.9
2 位	日常生活から解放されるため	62.7	2 位	旅先のおいしいものを求めて	76.5
3 位	保養、休養のため	49.2	3 位	保養、休養のため	54.8
男性 60 代			女性 60 代		
1 位	日常生活から解放されるため	64.4	1 位	旅先のおいしいものを求めて	71.0
2 位	旅先のおいしいものを求めて	62.7	2 位	日常生活から解放されるため	70.2
3 位	思い出をつくるため	51.7	3 位	保養、休養のため	50.0
男性 70 代			女性 70 代		
1 位	旅先のおいしいものを求めて	56.2	1 位	旅先のおいしいものを求めて	67.4
2 位	日常生活から解放されるため	52.3	2 位	日常生活から解放されるため	57.4
3 位	保養、休養のため	38.5	3 位	美しいものにふれるため	53.9

　表中には，動機の上位 3 つを年代別性別に示しています。順位は異なりますが，男性では 20 歳代から 40 歳代と 60 歳代が「思い出をつくるため」「日常生活から解放されるため」「旅先のおいしいものを求めて」で構成されています。50 歳代と 70 歳代は，「保養，休養のため」が 3 位となり異なる傾向が窺えます。

　また，女性では 20 歳代から 40 歳代まで「旅先のおいしいものを求めて」「日常生活から解放されるため」「思い出をつくるため」で構成されています。50 歳代と 60 歳代は「保養，休養のため」が 3 位となり，70 歳代はどの年代でも上位に入っていない「美しいものにふれるため」が 3 位となっています。

　林と藤原 [16] は日本人の海外旅行者を対象にした調査において，観光動機は年齢による影響を受けることを明らかにしています。若年層は他の動機に比べて刺激性と意外性の動機が強く，中年層は健康回復，高年層は自然体感と文化見聞の動機が強いことを報告しています。表 3.1 は観光動機がライフステージの変遷に合わせて変化するという林と藤原 [16] の指摘に概ね合致しています。

　しかし，海外の研究結果と比較すると違いがあります。表 3.1 の「旅先のおいしいものを求めて」は高齢者を含め全ての世代で上位に入っていますが，前述した Otoo and Kim[14] の出現頻度上位には存在していません。それに該当するものとして「料理」という動機項目で生成されていますが，36 編の論文中 7 編に出現しているに留まっています。

3.3.2　旅行の制約

　公益社団法人日本観光振興協会は，1964 年から宿泊観光旅行の動向と志向に関するアンケート調査を実施し，国民の観光需要の動向をまとめています [17]。日本人の過去 1 年間宿泊観光旅行をしなかった理由を年代別で図 3.5 に示します。全体では経済的制約と時間的制約が多い傾向にありますが，これらの制約については 60 歳代で 30 ％以下となり，70 歳以上ではさらに減少しています。家を離れられない事情については，年齢とともに増加傾向にあり 60 代では 25.3 ％，70 歳以上では 21.9 ％となっています。健康上の理由は，70 歳以上で急激に高くなっています。70 歳以上

は経済的にも時間にも余裕ができる一方で，健康上の理由が旅行しない大きな要因となっていることがわかります。

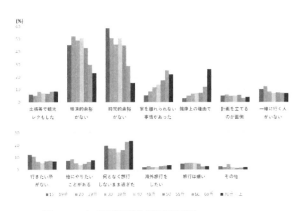

図 3.5　年代別観光旅行阻害要因
（平成 30 年度版観光の実態と志向 [17] より作成）

　身体的健康に関する懸念は，海外においても主要な障壁として報告されています。Fleischer and Pizam[18] は，イスラエル人を対象にした調査で旅行の阻害要因は年齢とともに変化し，65 歳以上では健康上の理由が顕著となることを明らかにしています。Nyaupane ら [19] は，アメリカ人を対象にした調査で，59 歳以下はおおむね時間と経済的理由が要因となる一方，75 歳以上では健康上の理由が要因となっていることを報告しています。

3.4　高齢者の観光促進

　国内外の調査結果から，旅行の阻害要因として全体的には経済的制約と時間的制約が多いこと，しかし，高齢になるとそれらの余裕はできるものの健康上の理由が要因となってくることがわかりました。本節では，健康の不安を取り除き，高齢者が参加しやすい観光について紹介します。

3.4.1　高齢者に配慮したツアー

　日本では，いくつかの旅行会社が高齢者向けの国内および海外ツアーを販売しています。個人向けのオーダーメイドではない団体ツアーの代表的なものをまとめて表 3.2 に示します。

表 3.2　高齢者に配慮したツアー
※各社の Web ページより 2023 年 9 月 8 日時点の内容をまとめました。

会社名	クラブツーリズム（国内）			クラブツーリズム（海外）
URL	https://www.club-t.com/special/yuttari/			https://www.club-t.com/special/yuttari/
名称	ゆったり旅	大人のゆるり旅		ゆったり旅
コース	―	「ゆったり度中」75 歳以上限定コースあり	「ゆったり度大」75 歳以上限定コースあり	―
歩行	1 日平均歩行時間 2 時間以内	歩く距離の短い観光地の選定や乗り物利用	歩く距離の短い観光地の選定や乗り物利用	毎日の歩行時間を表記
休憩	90 分に 1 回	90 分に 1 回	80 分に 1 回	―
見学箇所	メイン観光地での見学時間が当社通常コースの 1.5 倍以上	1 日の観光箇所 4 ヶ所以内	1 日の観光箇所 1 ～ 3 ヶ所を平均に，杖を使用の方でも安心	各観光地での滞在時間や毎日の移動時間にも配慮
人数制限	バス 1 台あたり最大 36 名まで	最大 30 名まで	最大 19 名まで	バス 1 台あたり最大 19 名まで
その他	宿泊施設での滞在時間が 17 時間以上	・添乗員 1 名同行 ・食事は椅子テーブル席を確約 ・ベッドの部屋確約	・添乗員，カインドリーススタッフ（介護資格あり）各 1 名同行 ・食事は椅子テーブル席を確約 ・ベッドの部屋確約	宿泊施設をゆっくり出発，早めの到着
会社名	三越伊勢丹ニッコウトラベル（国内・海外）			
URL	https://www.min-travel.co.jp/features/comfortable.html			
名称	和みの旅			
コース	「ゆったり度 1」疲れず，しっかりと観光ができる	「ゆったり度 2」徒歩観光を減らして旅を楽しむ	「ゆったり度 3」ほとんど歩かず旅を味わう	
歩行	徒歩観光を取り入れながらも，長時間の歩行にならないよう配慮し，見どころをしっかりと楽しむ	・長時間歩行や長い階段，急な坂道などを極力避けて観光 ・徒歩観光に自信がなくなってきた方も気兼ねなく楽しむ	歩行時間を最小限にとどめ，安心して気兼ねすることなく楽しむ	

　歩行の程度，休憩の間隔，見学箇所，人数制限，宿泊施設での滞在などについての記載があります。これらは旅行会社によっては記載のない項目もありますが，歩行に関しては全てのプランに記載があります。

　厚生労働省の平成 29 年国民健康・栄養調査結果報告によると，65 歳以上の高齢者における 1 日あたりの平均歩数は男性 5,597 歩，女性 4,726 歩でした。国民の健康の増進の総合的な推進を図るための基本的な方針である健康日本 21（第二次）が定めている 65 歳以上の目標値は，男性 7,000 歩，女性 6,000 歩です。高齢者にとって 1,300 歩は約 15 分の歩行時間に相当するため，表 3.2 の 2 時間の歩行は，歩数に置き換えると 10,400 歩となります。これは高齢者の 1 日の平均歩数の 2 倍近くに相当し，翌日に疲れが残る可能性があります。高齢者に限定しないものであるため表には記載しませんでしたが，グローバルユースビューロー [20] では，国内外のほとんどのツアーについて 4 段階または 3 段階の歩く目安を設定しています。4 段階では，「徒歩観光がほとんどないコース」「歩行ペースがゆっくりの方でも安心のコース」「遺跡や旧市街など，1 日 2〜4 時間の徒歩を含むコース」「健脚な方向けのコース」があります。

3.4.2　オンライン観光

　1.1 節で述べたように，観光は日常の生活圏を離れることが前提とされています。しかし，コロナ禍で Web 会議システムを使用した移動を伴わないオンライン観光が展開されるようになりました。代表的なものとして，オンラインツアー，オンライン体験があります。オンラインツアーはガイドが現地からライブ中継を行うと同時に，参加者はチャットなどを通じていつでも質問ができるなど会話も楽しめる双方向のコミュニケーションが魅力です。事前に現地の食材が自宅に届き，現地の料理を食べる体験ができるものもあります。オンライン体験は自宅に体験キットが事前に届きリアルタイムで体験教室に参加できるものや，各自で必要なものを準備して参加するものがあります。民泊仲介サイトの Airbnb は，2020 年 4 月にオンライン体験プログラムの提供を開始しました。サイトに登録している世界各地のホストがこだわりの企画を世界中の人々に届けています。

　これまでも，360 度パノラマ映像で観光地を見ることができるバーチャ

ルツアーなど移動を伴わずに現地を楽しむ方法は存在していました。しかし，コロナ禍で急速に普及したオンライン観光は，リアルタイム双方向性であること，有料であることがこれまでの現地に行かない観光とは大きく異なります。さらに，バーチャルとリアルの融合によって，資源保護のために大勢の人が入れない場所の紹介や現地でのガイドの解説に加え対象資源に関連した情報の追加表示など，オンラインならではの価値を生むことも可能です。コロナの落ち着きとともに，オンライン観光の提供数は減少しています。しかし，オンライン観光は時間の制約や体力的に旅行が難しい人，特に高齢者にとっては気軽に参加できる貴重な機会となります。

　高齢者にオンライン観光をといっても，高齢者がどの程度インターネットを利用しているか気になる読者も多いと思います。そこで，表 3.3 に高齢者のインターネット利用率を示します。

表 3.3　高齢者のインターネット利用率（%）
（令和 3 年通信利用動向調査 [21] より作成）

	合計	男	女
60 〜 69 歳	84.4	86.5	82.5
70 〜 74 歳	65.3	71.0	60.2
75 〜 79 歳	51.0	57.9	45.3
80 歳以上	27.6	37.5	21.9
全世代	82.9	86.3	79.8

　60 歳代は男女ともに全体平均より利用率が高い状態です。70 歳代以上になると利用率は下がっていますが，図 3.2 の「老後の生きがいとして楽しみにしていること」では，「インターネット・SNS」について年齢が上がるにしたがって割合が高くなる傾向が見られました。今後はさらに高齢者のインターネットの利用者割合が増えると考えられます。

　高齢者がオンラインツアーに参加することにより，その場所を実際に訪問したいと思い，自身の体力に合ったツアーを探し旅行に出掛ける，そんな仕組みが今後求められるのではないでしょうか？　そのためにも，オンライン観光が新しい観光の一つのジャンルとして確立し，高齢者の観光への参加の可能性を広げることに期待したいと思います。

3.5　まとめ

　本章では，少子高齢化が進行する時代において，観光産業において重要なセグメントとなる高齢者の観光動向とその推進のための取り組みについて述べました。観光動機は年代によって変化し，70 歳以上では旅行回数が大きく減少していました。その阻害要因としては，健康上の理由が最も大きな要因でした。このため，健康に不安のある高齢者向けに日本で販売されているツアーを紹介しました。さらに，コロナ禍で急速に広まったオンライン観光による高齢者観光促進の可能性について述べました。

　高齢者の観光促進には，本章で紹介した取り組みに加え自身の観光できる力を知ることが重要です。このことについて，第 4 章で詳しく記載しています。

演習問題

1. 観光旅行の動機と阻害要因について身近な高齢者にインタビューし，表 3.1 や図 3.5 など公表されている結果と比べ考察してみましょう。

2. 新しい高齢者向けの観光ツアーを企画してみましょう。そして，何が新しいのか，高齢者にとって何が魅力的なのか，どのような理由で旅行促進効果があるのかを説明してください。

参考文献

[1]　観光庁：旅行・観光消費動向調査（2019）.
　　　https://www.mlit.go.jp/kankocho/siryou/toukei/shouhidoukou.html

[2]　国立社会保障・人口問題研究所：日本の将来推計人口（令和 5 年推計）.
　　　https://www.ipss.go.jp/pp-zenkoku/j/zenkoku2023/db_zenkoku2023/db_zenkoku2023gaiyo.html

[3]　Alén, E., Nicolau, J. L., Losada, N., and Domínguez, T.: Determinant factors of senior tourists' length of stay, *Annals of Tourism Research*, Vol.49, pp.19-32 (2014).

[4]　Wijaya, S., Wahyudi, W., Kusuma, C. B., and Sugianto, E.: Travel motivation of Indonesian seniors in choosing destination overseas, *International Journal of Culture, Tourism and Hospitality Research*, Vol.12, No.2, pp.185-197 (2018).

[5]　Eurostat: Travel preferences of EU residents, with respect to different age groups, (2019).
　　　https://ec.europa.eu/eurostat/statistics-explained/SEPDF/cache/55730.pdf

[6]　特定非営利活動法人日本ファイナンシャル・プランナーズ協会（日本 FP 協会）：世代別比較 くらしとお金に関する調査 2018，(2018).
　　　https://www.jafp.or.jp/about_jafp/katsudou/news/news_2018/files/newsrelease20181105.pdf

[7]　内閣府：平成 26 年度高齢者の日常生活に関する意識調査結果，(2015).
　　　https://www8.cao.go.jp/kourei/ishiki/h26/sougou/zentai/index.html

[8]　Crompton, J. L.: Motivations for pleasure vacation, *Annals of Tourism Research*, Vol. 6, No.4, pp.408-424 (1979).

[9]　Kim, S., Lee, C., and Klenosky, D.: The influence of push and pull factors at Korean national parks, *Tourism Management*, Vol.24, No.2, pp.169-180 (2003).

[10]　佐々木土師二：『旅行者行動の心理学』，関西大学出版部 (2000).

[11]　Sangpikul, A.: Travel motivations of Japanese senior travellers to Thailand, *International Journal of Tourism Research*, Vol.10, No.1, pp.81-94, (2008).

[12]　Tiago, M.T.P.M.B., de Almeida Couto, J.P., Tiago, F.G.B., and Faria, S.M.C.D.: Baby boomers turning grey: European profiles, *Tourism Management*, Vol.54, pp.13-22 (2016).

[13]　Chen, S.C., and Shoemaker, S.: Age and cohort effects: The American senior tourism market, *Annals of Tourism Research*, Vol.48, pp.58-75 (2014).

[14]　Otoo, F.E., and Kim, S.: Analysis of studies on the travel motivations of senior tourists from 1980 to 2017: progress and future directions, *Current Issues in Tourism*, Vo.23, No.4, pp.393-417 (2018).

[15]　公益財団法人日本交通公社：旅行年報 2022，(2022).

[16]　林幸史，藤原武弘：訪問地域，旅行形態，年令別にみた日本人海外旅行者の観光動機，『実験社会心理学研究』，Vol.48，No.1，pp.17-31 (2008).

[17]　公益社団法人日本観光振興協会：「平成 30 年度版　観光の実態と志向　－第 37 回国民の観光に関する実態調査－」，(2019).

[18]　Fleischer, A., and Pizam, A.: Tourism constraints among Israeli seniors, *Annals of Tourism Research*, Vol.29, No.1, pp.106-123 (2002).

[19]　Nyaupane, G.P., McCabe, J.T., and Andereck, K.L.: Seniors' Travel Constraints: Stepwise Logistic Regression Analysis, *Tourism Analysis*, Vol.13, No.4, pp. 341-354 (2008).

[20]　グローバルユースビューロー：デジタルパンフレット．
　　　https://secure.gyb.co.jp/tourlist/findrecords.php

[21]　総務省：令和 3 年通信利用動向調査，(2022).

第**4**章

観光行動力

4.1　はじめに

　第 3 章で高齢者の観光旅行を阻害するものとして，健康上の理由が大きな要因であることを述べました。さらに，シニアのライフスタイルと旅行に関する調査 [1] によると，70 歳以上で旅行回数が減る大きな要因の一つとして，他人のペースに合わせられないことで迷惑をかけたくない気持ちが強くなることが報告されています。高齢者がどの程度の観光行動ができるかを客観的に示すことができれば，旅行への自信に繋がる可能性があります。

　高齢者の代表的な体力測定に，文部科学省「新体力テスト」の 65〜79 歳を対象とした測定項目・判定基準があります。また，高齢者における体力測定は，速い・高い・強いという観点ではなく，自立した日常生活を営むのに必要な身体能力が十分備わっているかが重要として，様々な体力要素が総合的に発揮される日常生活動作を計測し，生活活動力として評価する研究 [2] も行われています。

　このように，高齢者の体力や生活活動力に関連した研究は行われてはいますが，観光地での歩行やバイタルサインからその行動力の導出を試みた研究はほとんど見当たりません。体力や生活活動力のみの把握では，実際の観光地でどの程度行動ができるかどうか判断がつきません。本章では，著者らが携わってきた高齢者の身体的評価指標に観光行動力という新たな指標を提案し，観光旅行の促進を目指す研究 [3] について紹介します。この研究の目的は，2 つあります。1 つは観光行動力を導出することです。もう 1 つは，高齢者が自身の観光行動力を把握することは，観光旅行の促進に寄与するかを明らかにすることです。高齢者が観光旅行先で普段より多く歩いてしまい，翌日に疲れが残り旅行後半に十分に楽しめないという課題があることが報告されています [4]。このことを踏まえ，本研究では観光行動力を「旅行先で翌日に疲れを残さず観光を楽しむことが出来る活動力」と定義しています。本研究の旅行促進に関する仮説は下記の 3 つです。

　① 観光行動力導出前と比較して，導出後は観光動機が高まる

② 観光行動力導出前と比較して，導出後は旅行に対する不安が軽減される

③ 観光行動力導出前と比較して，導出後は旅行への意欲が高まる

4.2 観光行動力の導出

本節では観光行動力を導出にするにあたり，全般的な疲れと観光行動によるものについて先行研究を紹介します。そして，著者らが行った観光行動力を導出するためのツアーや疲労度の計測などの実験方法について述べ，主成分分析によって解析した結果について説明します。

4.2.1 観光行動による疲れ

疲労は，身体的疲労と精神的疲労に大別することができますが，我々が感じる疲労のほとんどは両者の複合型といえます [5]。観光行動において，人混みや治安の悪い場所では，多くの人が精神的疲労を感じるでしょう。しかし，先行研究では 30 分間歩くことにより心理状態の総合的な快適度が向上したこと [6] や，1 時間の屋外ウォーキングにより否定的な感情が低下し，肯定的な感情が上昇したというウォーキングによる心理的効用 [7] が報告されています。このため，安心安全な環境における観光行動では，精神的疲労より歩くことによる身体的疲労を中心に感じると考えられます。

観光行動による疲れを計測した研究は多くはありませんが，例えば，工藤ら [8] は，車椅子利用者や高齢者を対象に，ウェアラブルデバイスとスマートフォンを使用して旅行者の心拍数や位置情報，気温をもとに休憩のタイミングなどを提示するシステムを開発しています。宗森ら [9] は，スマートウォッチとスマートフォンを使用して心拍数や位置情報，歩数，標高から，身体的に疲労していると判断したときに休憩を促すシステムを開発しています。疲労の客観的指標として，心拍数や歩数による測定が行われています。

4.2.2　導出方法

(1) 被験者

　本研究の対象者は 65 歳以上の一般在宅高齢者としました。金沢市にある公民館で募集を行い，21 名に協力いただくことになりました。

　日頃の活動量を把握するため，活動量計 HJA-306（オムロン社製）を使用してセルフモニタリングを実施しました[10]。セルフモニタリングに先立ち被験者説明会を実施し，その際に活動量計の使い方を説明しました。被験者の歩幅の計測を行い，身長・体重・生年月日・性別と併せて個人設定を行いました。個人設定した活動量計を配布し，1 日の歩数と活動量について，1 か月間被験者自身で測定しました。

　その後，実験ツアーを実施する予定でしたが，新型コロナウイルスの影響でツアーが延期となる間に体調不良などにより辞退するケースがあり，本研究の分析対象となったのは 17 名です。内訳としては，男性は 60 歳代 1 名，70 歳代 4 名，80 歳代 3 名で，女性は 60 歳代 2 名，70 歳代 4 名，80 歳代 3 名です。平均年齢は男性は 76 歳で，女性は 74 歳です。

(2) ツアー概要

　金沢市にある特別名勝に指定されている兼六園で実験ツアーを実施しました。兼六園の公式ページに掲載されている散策コースを参考に 3 コースを設定し，予備実験ツアーを行いました[11]。活動量計で歩数と活動量を計測したところ，60 分と 90 分コースにおいて歩数がほとんど変わらなかったため，コースの距離を伸ばして以下のガイドつきの 3 コースを設定しました。被験者は通常の旅行者と同じように，ガイドへの質問や写真撮影をしながら 3 つのコースに異なる日に参加しました。被験者の様子を観察するために，集団が大きくなり過ぎないよう最大 5 名のグループに分け，各コース 4 回ずつ実施しました（図 4.1）。観光ガイドには研究の趣旨を説明してルートと時間を守っていただきました。

- ・　A コース　　40 分 700 m　（アップダウンなし）
- ・　B コース　　60 分 1,300 m　（若干のアップダウンあり）
- ・　C コース　　90 分 2,000 m　（急な階段あり）

図 4.1　実験ツアーの様子

(3) 実験プロトコル

　観光行動力を導出するため，客観的指標として心拍数と活動量，歩数を測定しました。また，主観的指標として後述する 2 種類の疲労度調査を行いました。その手順を図 4.2 に示します。

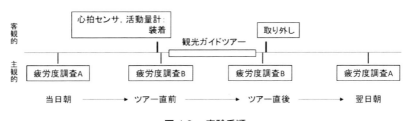

図 4.2　実験手順

　被験者は，実験ツアーに参加する当日と翌日の朝（起床後 30 分から朝食まで）に，疲労度調査 A を自宅にて実施しました。ツアーの直前と直後に疲労度調査 B を実施し，心拍センサと活動量計を装着した状態でツアーに参加しました。

63

(4) 心拍数の計測と運動強度の算出

　心拍センサ WHS-3（ユニオンツール社製）を使用し，実験ツアー参加中の心拍変動を測定しました。心拍センサは，図 4.3 のように電極パッドを使用し装着しました。

図 4.3　測定に使用した心拍センサ

　心拍数の 1 分間の平均値から式 (1) により，1 分間ごとの運動強度を算出しました。

$$\text{HRR\%} = \frac{C - R}{M - R} \times 100 \tag{1}$$

　HRR（Heart Rate Reserved）は運動強度，C は現在の心拍数，R は安静時心拍数，M は最大心拍数です。最大心拍数は一般的には 220 から年齢を引いて求めますが，高齢者においては低く見積もられる傾向が指摘されており，これを改善する式 (2) で算出しました [12]。

$$M = 207 - (年齢 \times 0.7) \tag{2}$$

　安静時心拍数は，A コースの実験ツアーの開始前に兼六園の側にある屋内スペースで椅子に座り 5 分間安静にし，その後の 3 分間の平均値から算出しました。心拍はわずかな環境変化や精神状態によって変化することから，安静時心拍数の測定は難しく，再現性が低いことが指摘されています [12]。本研究では，前述の方法で算出した安静時心拍数と B コースと C

コースで心拍センサ装着後のツアー開始までの最低心拍数を比較したところ，B コースまたは C コースのツアー前心拍数の方が算出した安静時心拍数より低いケースが認められました。

　本多 [13] は，単に作業開始直前の心拍のみを見るのではなく安静時の心拍の経時的な変動を確認し，どの時点の心拍を安静時心拍とするのかを検討する必要があると指摘しています。本研究では，被験者は安静時心拍数の計測時に初めて心拍センサを装着したため，緊張により心拍数が高くなっていることが考えられます。このため，算出した安静時心拍数と B コースまたは C コースのツアー前の心拍数の中で，最も低いものを安静時心拍数として採用しました。測定結果の例を図 4.4 に示します。

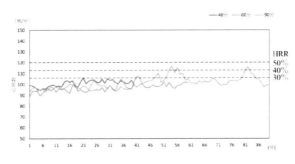

図 4.4　心拍数の測定例

　この被験者の安静時心拍数は 85 であり，(1) 式から求めた HRR30 %，40 %，50 %のラインを図中に示しました。分析に使用するために，各ツアーにおける HRR が 40 %ラインを超えた数をそれぞれカウントしました。

(5) 活動量と歩数の測定
　セルフモニタリングで使用した活動量計を用いて，実験ツアー時の活動量と歩数を測定しました。ツアーの直前と直後の差分から，各ツアーにおける活動量と歩数を算出しました。

(6) 主観的疲労度の測定

　図 4.2 の疲労度調査 A として，日本語版 Multidimensional Fatigue Inventory（以下，MFI）[14]，疲労度調査 B として Visual Analog Scale（以下，VAS）を使用しました。

　MFI は「全般的疲労感」，「身体的疲労感」，「活動性の低下」，「意欲の低下」，「精神的疲労感」の 5 因子 20 項目で構成されていますが，先に述べたように安全安心な環境における観光行動では身体的疲労を中心に感じると考えられるため，「身体的疲労感」の 4 項目（身体的に多くのことをこなせる，身体的にとても調子がいい，体力的に少しのことしかできないと感じる，身体的に不調だと感じる）の 5 段階評価の回答を分析対象としました。

　VAS は痛みの強さを主観的に評価するための尺度として作成されたものですが，疲労度評価にも用いられています [15,16]。100 mm の水平な直線上に疲労感の程度の印をつけて使用します。図 4.5 に評価用紙のイメージを示します。

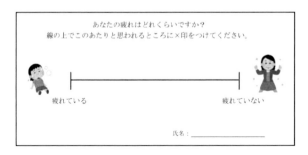

図 4.5　疲労度調査に使用した Visual Analogue Scale

　MFI と VAS はツアーの前後で実施し，その差分によって疲労度を評価しました。

(7) 統計的解析方法

　実験で得られた歩数，活動量，HRR が 40 ％を超えた数，MFI（身体的疲労），VAS のデータに対し，SPSS（ver.25）により主成分分析

（Principal Component Analysis）を行いました。主成分分析とは，本研究のように複数の評価指標のデータがある場合に，それらのデータを新しい総合的な評価指標に要約する統計手法です。

主観的運動強度の指標の代表的なボルグスケール[17] の数値と心拍数の間に正比例の関係があり，HRR40％はボルグスケールの「楽である」（35.7%）と「ややきつい」（50%）の間です[18]。Arif ら[19] は，自転車こぎ運動によって HRR が 60％を超えた場合に歩行の安定性に影響があったため，その状態を疲労状態と定義しています。しかし，観光行動中は対象物を見学したり説明を聞いたりしながら基本的にゆっくり移動するため，本研究では 40％を超えた数を用いました。

4.2.3　導出結果

主成分分析の結果を表 4.1 に示します。

表 4.1　主成分分析の結果

		第1主成分	第2主成分	第3主成分
主成分負荷量	活動量	0.933	0.095	0.190
	歩数	0.930	0.237	0.050
	HRR40%	− 0.325	0.718	0.006
	VAS	0.107	0.481	− 0.791
	MFI（身体的疲労感）	− 0.224	0.567	0.610
固有値		1.90	1.13	1.04
累積寄与率		38.1	60.7	81.4

3つの主成分が抽出されています。寄与率の値は，元のデータがもつ情報をどの程度説明しているかを表しています。表中には累積寄与率が表示されています。第 1 主成分は 38.1％がそのまま寄与率に，第 2 主成分は 60.7 から 38.1 を減じた値が寄与率となり，元のデータを 22.6％表しているといえます。活動量から MFI までの数値は主成分負荷量を表しています。主成分負荷量は，各変数が新たに抽出された主成分にどれだけ寄与しているのかを示しています。したがって，この数値が大きいほど各変数が主成分に与える影響力が大きくなります。

67

　第1主成分と第3主成分の主成分負荷量の符号は，一部が負となっています。第2主成分の主成分負荷量の符号は，全て正です。したがって，全ての変数の値が大きくなると第2主成分の値が大きくなることから，第2主成分は「総合的な疲労度」を表していると考えられます。

　元のデータを各主成分に変換した値のことを，主成分得点と呼びます。図4.6に第1主成分得点と第2主成分得点の散布図を示します。総合的な疲労度を表している第2主成分（縦軸）に着目してみると，Aコースではマイナスの値，すなわち疲労が減っているケースが多いことがわかります。Bコースではゼロ付近が多く，Cコースでは値は大きくないもののプラスのケースが増えています。被験者からは，特にAコースにおいて「スッキリした」「楽しかった」「全く疲れていない」という感想が多くあり，第2主成分得点の結果と概ね一致しています。

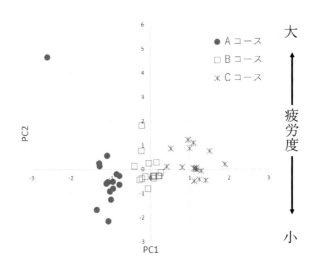

図4.6　主成分得点の散布図

　本研究では，観光行動力を以下の4区分としました。

　A判定：　90分，2kmのアップダウンあるツアーに問題なく参加できる

B判定： 60分，1.3kmの若干のアップダウンあるツアーに問題な
く参加できる

C判定： 40分，700mのアップダウンなしのツアーに問題なく参加
できる

D判定： 40分，700mのアップダウンなしのツアーに参加すること
に問題がある

Aコースで第2主成分得点が4.66の被験者は，ツアーの途中で疲れ
て何度もベンチに座っていました。HRRが40％を超えた数は40分中
36分間でした。この被験者はAコース参加後，BコースおよびCコー
スへの参加を辞退しました。その他の被験者は，ツアー中疲れた様子は
認められず，HRRが40％を超えたのは40分のツアーで1名（4分間），
60分のツアーで4名（1分間2名，3分間1名，4分間1名），90分のツ
アーで8名（1分間3名，2分間1名，3分間2名，4分間1名，5分間1
名）でした。主成分分析の結果とツアー時の様子から，第2主成分得点が
4.66の被験者はD判定，その他の被験者はA判定としました。

4.3　旅行促進効果

本節では高齢者が自身の観光行動力を把握することによって，観光旅行
の促進に寄与するのかを明らかにするために，4.1節で立てた3つの仮説
の検証を行います。

実施したアンケート調査の方法とその結果について述べ，旅行促進効果
について考察を行います。

4.3.1　調査方法

旅行促進効果を調査するため，実験ツアー前に観光動機，旅行の不安，
旅行への意欲に関する5段階評価の調査を実施しました。調査の流れを
図4.7に示します。

全ての実験ツアー終了後に観光行動力を導出し，その結果を被験者に送
付しました。被験者にフィードバックした内容は以下の通りです。

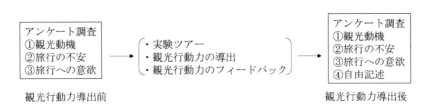

図 4.7　旅行促進調査の流れ

観光行動力（A〜D 判定）
ツアー中の歩数と活動量
ツアー中の心拍数の変化
VAS と MFI のツアー前後の変化

　そのイメージを図 4.8 に示します。ツアー中の心拍数の変化のグラフ
に，被験者に応じた HRR30 %，40 %，50 %のラインを入れ，主観的運
動強度対応表を添えて，どの程度疲れが表れているかを示しました。

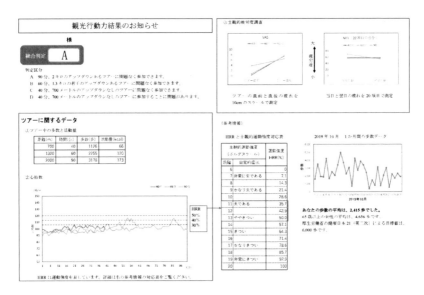

図 4.8　被験者への観光行動力のフィードバック

　さらに，参考情報としてセルフモニタリングの1か月間のデータも示しました。日頃の歩数や活動量は，観光行動力に影響を与えると考えられます。このため，研究当初はセルフモニタリングの結果と観光行動力の関係を分析する予定でしたが，新型コロナウイルスの影響でセルフモニタリングから実験ツアーの実施までに時間が空き過ぎたため，参考データとしました。

　これらのフィードバック後に，実験ツアー前と同じ質問項目に加え観光行動力を把握した感想や，今後の観光旅行に対する意識の変化について自由記述式のアンケート調査を実施しました。なお，観光動機に関する項目は，公益財団法人日本交通公社の JTBF 旅行意識調査[20] と先行研究[21,22] を参考にして，一般的な動機に高齢者特有の動機を組み合わせて作成しました。旅行の不安に関する項目は，65 歳以上の高齢者を対象としたアンケート調査[23] の結果において，国内宿泊旅行で不安に思うことの上位 4 位だったものを採用しました。

4.3.2　調査結果

　観光動機に関する 5 段階評価の結果を表 4.2 に示します。

　表中には被験者が自身の観光行動力を把握する前（導出前）と把握した後（導出後）の 17 名の平均値を示しています。さらに，導出前後の平均値に差があるかについて対応のある t 検定（Paired t-test）を行った結果を示しています。対応のある t 検定とは，母集団から抽出した対になった標本の平均に差があるかどうかを検定するために用いる統計手法です。

　左側の数字は質問項目の番号です。項目 13「健康増進のため」のみ，有意確率が 0.05 未満です。表中にはマーク*がついています。この場合，有意差が認められたと表現し，導出前と導出後の項目 13 について差があることを意味します。

　旅行の不安に関する結果を表 4.3 に示します。項目 22「トイレ休憩」，項目 23「歩行距離の長さ」，項目 24「他の参加者と同様の行動ができるか」については，導出後の値が導出前より低くなり不安は減少していますが，有意差は認められませんでした。つまり，差があるとはいえません。

71

表 4.2　観光動機に関するアンケート調査結果

国内の宿泊旅行をしてみたいと思う動機　　N = 17	導出前	導出後	有意確率 （両側）
1. 旅先の美味しいものを求めて	4.059	3.882	0.455
2. 日常生活から解放されるため	3.353	3.412	0.842
3. 思い出をつくるため	3.882	3.706	0.422
4. 家族の親睦のため	3.471	3.824	0.138
5. 保養、休養のため	3.412	3.529	0.579
6. 美しいものにふれるため	4.118	4.059	0.718
7. 未知のものにふれたくて	3.882	3.882	1.000
8. 感動したい	4.118	4.059	0.718
9. 友達とのつきあいを楽しむため	3.529	3.765	0.260
10. 知識や教養を深めるため	3.588	3.412	0.484
11. 現地の人や生活にふれたくて	3.353	3.176	0.455
12. 思い出の場所を訪れるため	3.176	2.941	0.260
13. 健康増進のため	2.882	3.294	0.030*
14. 他の観光客と経験を共有するため	2.471	2.706	0.216
15. 仕事やこれまで頑張った自分へのご褒美	3.294	3.176	0.683
16. 健康な間に行く	4.412	4.176	0.163
17. 同僚と過ごすため	2.765	2.765	1.000
18. 買い物をするため	2.941	2.882	0.750
19. 新しい友達を求めて	2.118	2.294	0.332
20. 憧れの地を訪れるため	3.529	3.235	0.289

t 検定：*p<0.05
全くそう思わない：1，あまりそう思わない：2，どちらともいえない：3，
ややそう思う：4，全くその通りだ：5

表 4.3　旅行の不安に関するアンケート調査結果

国内宿泊旅行ツアー（団体）に行く際の不安　　N = 17	導出前	導出後	有意確率 （両側）
21. 荷物を持っての移動	2.765	2.824	0.750
22. トイレ休憩	2.882	2.765	0.579
23. 歩行距離の長さ	2.529	2.235	0.206
24. 他の参加者と同様の行動ができるか	2.118	1.765	0.163

t 検定：*p<0.05
全く不安に思わない：1，あまり不安に思わない：2，どちらともいえない：3，
やや不安に思う：4，とても不安に思う：5

旅行への意欲に関する結果を表 4.4 に示します。

表 4.4　旅行への意欲に関するアンケート調査結果

旅行への意欲　　N = 17	導出前	導出後	有意確率 （両側）
31. 国内の宿泊旅行（個人）に行きたい	3.412	3.706	0.415
32. 国内の宿泊旅行（団体）に行きたい	3.235	3.235	1.000

t 検定：*p<0.05
全くそう思わない：1，あまりそう思わない：2，どちらともいえない：3，
ややそう思う：4，全くその通りだ：5

　項目 31「国内の宿泊旅行（個人）に行きたい」については導出後の値
が導出前より高くなり，意欲は高まっていますが，有意差は認められませ
んでした。項目 32「国内の宿泊旅行（団体）に行きたい」については，変
化がありませんでした。

　表 4.5 には，観光行動力を把握した感想や，今後の観光旅行に対する意
識の変化に関する自由記述式の回答と被験者への影響をまとめたものを示
しています。

　観光動機（表 4.2），旅行の不安（表 4.3），旅行への意欲（表 4.4）のほ
とんどの項目において統計的な有意差は認められませんでしたが，表 4.5
の No.1〜3 のコメントからは観光行動力を把握することが自信に繋がり，
観光旅行への意欲が高まっていることが，No.4〜5 のコメントからは観
光行動力を客観的に確認できたことによりさらに今後積極的に活動する動
機づけになったことが窺えます。また，No.1 のコメントには毎日の歩行
に関する記載があり，歩行の重要性への気づきを促していることがわかり
ます。

表 4.5　観光行動力を把握した感想と今後の意識の変化

No.	被験者のコメント	影響
1	観光旅行に行きたいと思いながら，なかなか実行できなくていました．でも今回の観光行動をさせてもらって，ゆっくりだったら大丈夫なんじゃないか！と・・・旅行に行きたい感情がいっそうわいてきました． コロナ禍がもっと下火になったら，あちこちの寺を回りたいと思いました． 毎日の歩数ももっと歩かないといけないなと思いました．	自信 観光意欲の高まり 歩行の重要性
2	普段はほとんど歩かない生活ですが，今回の観光行動力結果で歩く事に自信が持てました．体力のあるうちに少しでも旅行を楽しみたいと思います．	自信 観光意欲の高まり
3	歩くことに対してまだまだ，もっと大丈夫ということもわかり，安心もしました． これからは積極的に外出・旅行を楽しもうと思わせてくれたよい機会でした．	自信 観光意欲の高まり
4	週1回のゴルフを冬季間を除き実行しているので，歩くことには自信があり，自分のイメージとほぼ一致した．今後の旅行に対して配慮する点はないと感じた． このイベントに参加できましたことは大変楽しく有意義でした．自分の行動を客観的に見ることができました．今後も前向きに行動を起こしていきたいと思います．ありがとうございました．	客観的に確認 積極的な活動への意欲
5	観光行動力の総合判定がAになり，良かったというか安心しました． 単発での歩行計測はしていましたが，整理されたデータで示していただき感謝しています．貴重な経験をいただき，ウォーキングや観光ボランティアガイドに生かしていきたいと思います．	客観的に確認 積極的な活動への意欲

＿＿自信　＿＿観光意欲の高まり　………客観的に確認　＿＿活動への意欲
〜〜〜歩行の重要性

4.3.3　観光行動力による旅行促進効果

　観光動機の回答結果からは，「健康増進のため」のみ統計的に有意な差が認められました。このことから，仮説①は部分的に支持されました。一方で，旅行に対する不安と旅行への意欲については，有意差は認められず，仮説②と③は支持されませんでした。

　仮説①が支持された理由として，観光ツアーに参加し，自身の観光行動

力を客観的に把握することによって，健康増進の大切さを感じ，観光行動が健康増進に繋がることを実感した可能性があります。

　仮説②が支持されなかった理由として，被験者の不安が元々低かったことによる可能性があります。表4.3の導出前の値を見ると，いずれの項目も3未満となっています。項目23「歩行距離の長さ」において，導出前の回答が3以上（どちらともいえない，やや不安に思う，とても不安に思う）の被験者は8名でした。この8名の導出前の平均値は3.5で，導出後は2.875となり，対応のあるt検定において統計的な有意差（片側5％，$p = 0.047$）が認められました。

　仮説③が支持されなかった理由として，被験者の旅行への意欲が元々高かったことによる可能性があります。表4.4の導出前の値は，個人旅行も団体旅行も3を超えています。項目31「国内の宿泊旅行（個人）に行きたい」において，導出前の回答が3以下（全くそう思わない，あまりそう思わない，どちらともいえない）の被験者は6名でした。この6名の導出前の平均は1.667で，導出後は3.0となり統計的な有意差は認められませんでしたが，旅行への意欲は大幅に増加しました。

　本研究では仮説は一部を除き支持されませんでしたが，自由記述のコメントからは，高齢者が自身の観光行動力を把握することが自信に繋がり，旅行意欲の高まりが確認されました。自信に繋がった高齢者を個別に確認すると，表4.3の旅行に対する不安が減少傾向にありました。また，旅行意欲の高まりが認められた高齢者は，表4.4の個人旅行意欲が増加傾向にありました。

　以上より，本研究の被験者は比較的旅行に対する不安が低く，旅行意欲が高い人が多かったのですが，不安が高い人や旅行意欲が低い人を対象とした場合には，仮説が支持される可能性を示しました。これらの結果は，健康に不安のある高齢者が自身の観光行動力を把握することによって旅行に対する不安を軽減し，旅行への意欲が高まる可能性を示唆しています。その効果の検証のためには，本研究での課題を踏まえた健常ではない高齢者が安心して参加できる実験ツアーを実施する必要があります。今後は，実験ツアーの回数や実施場所などを検討し，新しい実験ツアーの方法を開発していく必要があります。

4.4　まとめ

　本研究では，「旅行先で翌日に疲れを残さず観光を楽しむことが出来る活動力」を観光行動力と定義し，65 歳以上の高齢者を被験者として観光ツアーを行いました。客観的・主観的指標として計測したデータに対して主成分分析を行い，4 段階で観光行動力を導出しました。さらに，自身の観光行動力を把握することが，観光旅行の促進に寄与するかについて検討しました。アンケート調査の結果より，統計的には有意差は認められませんでしたが，健康に不安のある高齢者を対象とすることで，観光旅行の促進に繋がる可能性を示しました。

　今後は，健康な状態と要介護状態の中間に位置するフレイルまたはその前段階であるプレフレイル状態の高齢者が安心して参加できるように，新しい実験ツアーの方法を開発していきたいと思います。

演習問題

1. 観光行動による疲れに関する研究について，どのようなものがあるか調べてみましょう。

2. フレイルまたはプレフレイル状態の高齢者が安心して参加できる実験ツアーの方法を考えてみましょう。

参考文献

[1]　JTB 総合研究所：シニアのライフスタイルと旅行に関する調査，(2016).
https://www.tourism.jp/wp/wp-content/uploads/2016/03/20160331_senior_lifestyle.pdf

[2]　出村慎一監修：『高齢者の体力および生活活動の測定と評価』，市村出版（2015）.

[3]　Sawada, A. and Oyabu, T.: Derivation of Tourism Activity Ability and Study of Travel Promotion Effects for Elderly People, *Sensors and Materials*, Vol.35, No.7, pp.2215-2228(2023).

[4]　Oyabu, T., Kimura, T. and Liu, A.: Health care by walking in an aging society and encouragement for tourism, *Journal of Global Tourism Research*, Vol.2, No.1, pp.25-31(2017).

[5]　渡辺恭良，水野敬：『疲労と回復の科学』，日刊工業新聞社（2018）.

[6]　富川理充：ただ歩くだけの効果—30 分間学内ウォーキングの結果をもとに—，『専修商学論集』，Vol.111, p.171-180（2020）.

[7] 簑内豊：ウォーキングの効用：ウォーキング授業における生理的・心理的効果，『北星学園大学文学部北星論集』，Vol.39，p.41-48（2002）．

[8] 工藤彰，狩野徹，阿部昭博：ユニバーサルツーリズム安心システムの改良とフィールド実験，『第 79 回全国大会講演論文集』，No.1，pp.493-494（2017）．

[9] 宗森純，小形紘右，伊藤淳子：複数人の観光における休憩の指標を導入した観光支援システムの開発，『情報処理学会論文誌』，Vol.63，No.2，pp.624-633（2022）．

[10] Sawada, A. and Oyabu, T.: Monitoring of elderly for deriving tourism activity ability, *Journal of Global Tourism Research*, Vol.6, No.1, pp.55-59(2021).

[11] Sawada, A. and Oyabu, T.: Evaluation of fatigue level of the elderly in tourism activity, *Journal of Global Tourism Research*, Vol.7, No.2, pp.125-131(2022).

[12] 山地啓司：『こころとからだを知る心拍数』，杏林書院（2013）．

[13] 本多薫：座位安静時の心拍変動に関する検討，『山形大学大学院社会文化システム研究科紀要』，Vol.7，pp.27-37（2010）．

[14] 菅谷渚，貝谷久宣，岩佐玲子，野村忍：日本語版 Multidimensional Fatigue Inventory (MFI) の信頼性・妥当性の検討，『産業ストレス研究』，Vol.12，No.3，pp.233-240（2005）．

[15] 森滝望，井上和生，山崎英恵：出汁がヒトの自律神経活動および精神疲労に及ぼす影響，『日本栄養・食糧学会誌』，Vol.71，No.3，pp.133-139（2018）．

[16] 水野貴正：ダイナミックストレッチング中の発揮筋力の違いが足関節最大背屈角度と主観的疲労度に及ぼす影響，『体力科学』，Vol.68，No.4，pp.269-277（2019）．

[17] Borg, G.: Perceived exertion as an indicator of somatic stress, *Scandinavian Journal of Rehabilitation Medicine*. Vol.2, No.2, pp.92-98(1970).

[18] 小野寺孝一，宮下充正：全身持久性運動における主観的強度と客観的強度の対応性：Rating of perceived exertion の観点から，『体育学研究』，Vol.21，No.4，pp.191-203（1976）．

[19] Arif, M., Ohtaki, Y., Nagatomi, R. and Inooka, H.：Analysis of the effect of fatigue on walking gait using acceleration sensor placed on the waist, *Engineering Intelligent Systems*，Vol.18, No.2, p.93-103(2010).

[20] 公益財団法人日本交通公社：旅行年報 2020，（2020）．

[21] Hsu, C. H. C. and Kang, S. K.：CHINESE URBAN MATURE TRAVELERS' MOTIVATION AND CONSTRAINTS BY DECISION AUTONOMY, *Journal of Travel & Tourism Marketing*, Vol.26, No.7, pp.703-721(2009).

[22] Ryu, E., Hyun, S. S. and Shim, C.：Creating New Relationships Through Tourism: A Qualitative Analysis of Tourist Motivations of Older Individuals in Japan, *Journal of Travel & Tourism Marketing*, Vol.32, No.4, pp.325-338(2015).

[23] 観光庁：平成 26 年度ユニバーサルツーリズム促進事業報告書，（2015）．
https://www.mlit.go.jp/common/001226053.pdf

77

第**5**章

北陸地方の
主要インバウンドと
貿易量・日本の印象度

5.1　はじめに

　2020 年より新型コロナウイルスが世界中に蔓延し，人の交流が著しく規制されました [1]。2022 年に入り欧米を中心に国境をまたいでの移動規制が緩和され，各国の訪問者数が蔓延前に戻りつつありますが，2019 年の状態（コロナ禍前）に戻るには今少し時間が必要です [2]。人の移動が制限されることは様々な産業に影響を与え，経済的に厳しい状況を負う企業が出てきます。日本においても観光業や飲食業，運輸などサービス業界が大きな被害を受けました [3]。

　2023 年より，各国の感染症対策緩和により人の移動や地域経済が活性化しつつあります。地域ごとに，規制緩和状況を見据えた対策を構築していくことが求められます [4]。特に訪日外国人に対する観光関連業界の新たな戦略が強く望まれています。このとき，長期的な対策と短期的な対策が必要となりますが，まず 2019 年のデータから疲弊した地域観光業界を早期に回復する短期的な方向性を示すことが望ましいでしょう [5]。地域ごとに，実情に整合した観光戦略を構築していく必要があります。

　本章においては，近隣 3 か国・地域の日本に対する印象と訪日外国人の入国時におけるアンケート（観光，商用，その他）に対する割合との関係を示します。さらに，北陸地方（石川県，富山県，福井県）における訪日外国人増加に対する潜在力の高い発地国についても示していきます。すなわち，訪日外国人と北陸地方訪問外国人の割合を比較し，北陸地方の訪問者のターゲットとすべき発地国・地域を示します [6–8]。

　コロナ感染が蔓延する前の 2019 年には，訪日外国人の約 30 ％を中国が占め 1 位でしたが [9]，北陸地方のいずれの県においても台湾からの訪問者数が 1 位（25~30%）とのデータが示されています。これは日本を訪問する外国人の目的が地域ごとに異なり，飛行機などの定期便があるのかにもよります。中国人訪問者の旅行消費額は，台湾人のそれより多い傾向があります [8]。福井県の調査によると発地国・地域ごとに地域経済へ及ぼす効果に差が認められています。データを解析した結果から，中国人訪問者の増加策と韓国人訪問者への魅力ある資源提供が必要です。

　発地国・地域の政府間関係も，訪問者数に大きく影響することも注力し

て誘客策を構築していく必要があります。外国訪問行動は観光のみならず商用や教育，友好・姉妹都市提携による交流もあり，様々な交流が総合的に地域経済に寄与します[10]。本章においては，北陸三県の友好・姉妹都市提携の現状についても述べていきます。

5.2　近隣主要3か国・地域の印象

　インバウンド誘客は日本における地方創生の要と位置づけられています。その増加策として，訪問者が日本に対して憧れを抱き，文化・歴史などに興味をもち，好印象をもってもらうことが重要となります。好印象をもつ外国人の数を増やすことにより，訪日客が増加し国際交流や外交政策にも貢献していきます。日本政府は外国人の入国時に訪問の目的として，「観光」，「ビジネス」，「その他」（親戚や友人訪問など）の3つに分類したアンケートを課し，その統計をとってきています。発地国・地域の国民が日本に好印象を有しているならば，観光での訪問割合が増えると予想されます。もちろん，それに伴ってビジネスやその他の訪問者も増える可能性も高くなります。日本への訪問者が多い主要3か国・地域は中国，韓国，台湾です[2]。これら3か国・地域からの訪問目的としての観光割合が日本に対する好印象度と相関があると考えられます。

　これら3か国・地域からの観光割合と日本への好印象度との関係を調べました。結果として，韓国と台湾における好印象度と観光目的割合は決定係数（Coefficient of Determination）が0.7以上と強い相関があることが導出されました。一方，中国の場合の係数は小さく，相関が認められませんでした。これらの結果より，韓国と台湾に関して日本への好印象を与える施策が必要といえます。特に，文化や歴史発信など日本に興味をもってもらうとともに，好印象を与える情報発信や慣習など民間力が求められます。民間外交と異なり，政府間関係は世界情勢や施策により相互交流に影響を与えることが多々あります。さらに，施策により交流継続を阻害する場合が生じます。また，日本は自然災害が多発するため，安全安心な環境維持とその先端的な検知・回復システムの提供も重要となります。情報

発信とともに他国の模範となる国民性や安全安心システムの提供が海外に好印象を与え，観光（目的）割合を増加させていくものと予想されます。

5.2.1　発地国・地域

ビジットジャパンキャンペーン（VJC）など継続的なインバウンド誘致策により，2015 年頃からその人数が急激に増加しました。とりわけ，中国からの訪問者が全体の 30 ％程度を占めています。2019 年の貿易相手国としても中国は 1 位で 21%（輸出＋輸入の貿易総額），2 位は米国（15.4%），3 位は韓国（5.3%），4 位は台湾（4.9%）でした。2020 年は新型コロナウイルスの蔓延により特異なケースであるので，2019 年の訪日旅行者数の割合を示すと，1 位 中国（30.1%），2 位 韓国（17.5%），3 位 台湾（15.3%）でした。貿易相手国・地域（日本から離れている米国を除いて）と順位が同じです。インバウンドの割合を図 2.4 に示しました。中国，韓国，台湾で約 63% を占めています。全インバウンドの旅行消費額も 4.8 兆円に達し，日本に大きな経済効果（地方にも）をもたらしています。日本にとって観光面から，この 3 か国・地域は，観光や貿易面からも重要であることは明白です。観光を含め交流の進展を常に意識した政策が重要となります。交流進展は，3 か国・地域のみならずアジア経済全体にも大きく貢献します。継続的に，これらの国・地域と良好な関係を築き，広くアジアの発展に資することが必須です。

日本にとって，交流進展がますます重要となる 3 か国・地域からの実訪問者の推移を図 5.1 に示します。各特性は，2015 年からの増加が著しくなっています。特に中国と韓国からの増加が大きいです。2019 年の韓国の特性が低下しています。この年の日韓関係は厳しい状況でした。その要因は，徴用工問題と半導体製造に使用されるフッ化水素など 3 品目への日本の対韓輸出管理強化でした。韓国における日本製品不買運動も激しさを増していました。日韓においては，国家間関係は訪問者数に影響を与え，地方経済に大きく影響します。日本と中国においても同様な傾向があります。政府間関係とは別に民間交流をベースとした関係維持を地道に築き，交流に影響を与えない民間交流を育んでいく必要があります。

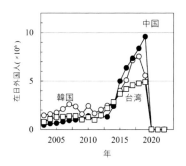

図 5.1 　主要 3 か国・地域からの訪問者数の推移

　関係悪化は両国にとって良いことではありません。懸案事項発生時に早急に解決する工程を構築しておく必要があります。特に，観光者数に影響を与えないような環境を醸成しておくことが強く求められています。2022 年より日韓関係は大幅に改善され，訪日韓国人が増加しつつあります。2023 年のインバウンドの回復傾向のトップは韓国です。両国関係改善が功を奏しているといえます。

　外国人が日本への入国時に訪問の目的として，三分類（観光，商用，その他）に対する回答が求められます。貿易総額も徐々に伸びつつあり商用目的もありますが，訪問者の多くが観光目的となっています。2019 年の全インバウンドの 88.6 ％が観光目的でした。この割合が多いことから，日本に対して好印象をもっている外国人の割合も大きいと推定されます。訪日外国人を増やすには，入国者数増加とともに各国・地域に整合した観光割合の増加策も構築することが必要と考えられます。まず，訪問者の発地国・地域特有の特徴を把握することが大事です。特に，相手国の国民感情や日本に対する好印象度を向上することが第一です。訪問する相手国に悪い印象をもっていては訪問行動にブレーキがかかります。これらの仮定から，日本に対する好印象度と主な 3 か国・地域（中国，韓国，台湾）からの訪問者の入国時の観光割合の傾向を常時詳細に調べておく必要があります。

(1) 中国

　中国からの観光者の多くは，訪問後に日本に対する印象が良くなったと答えています。2020 年からの新型コロナウイルスによるパンデミックにより訪問者が激減しました。これによりマスコミからの情報のみで各国・地域住民の日本に対してあまり良くない印象が形成されたと考えられます。マスコミの多くは悪い印象を報道する傾向にあります。2019 年に中国から 1,000 万人弱の訪問者がありましたが，2020 年は 107 万人と著しく減少し，日本訪問者による日本に対する好印象を発信する割合も抑えられ，2020 年の日本に対する中国人の好印象度は幾分停滞・減少傾向にありました。2021 年に調査を行えば，さらに減少したと考えられます。

　中国人の日本に対する好印象度の推移を図 5.2 に示します[4]。これは民間調査機関から発表されたものです。2013 年に著しく減少しましたが徐々に改善しています。減少の原因として，2012 年 9 月に日本が尖閣諸島を国有化したことにより，中国各地で反日デモが激しくなり険悪な状況になったことが一番の要因です。その後，いくつかの関係改善策が実施され徐々に好印象度が増加しました。

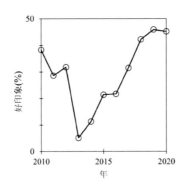

図 5.2　中国人の日本に対する好印象度

　訪問者の観光割合の変化を図 5.3 に示します。特性の傾向（増加や減少）は，図 5.2 と似た傾向を示しています。図中の cv は変動係数（Coefficient of Variation）を意味します。標準偏差 $\sigma = 15.934$ です。

コロナ発生前の観光割合は 90% 弱まで達しており，両国の関係や印象が比較的安定していたといえます。

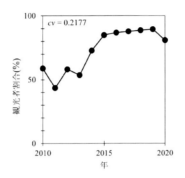

図 5.3　中国人訪問者の観光割合の推移

図 5.2 と 5.3 の相関図を図 5.4 に示します。

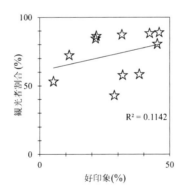

図 5.4　中国人の日本の好印象度と観光割合の相関

　決定係数 $R^2 = 0.1142$ と相関がないといえますが，好印象割合軸を 1 年進めると相関が少し大きくなります。このことから，印象割合が 1 年遅れて観光割合に反映する要因があるのではと考えられます。つまり，マスコミ報道により中国人の観光行動が翌年に反映する何らかの要因（報道は

85

翌年の訪問行動に影響）があると考えられます。多くが団体旅行であることも影響しています。最近 5 年間に限定すると決定係数はさらに小さくなり，回帰式を用いて好印象度から観光割合の導出をすることは難しいといえます。

(2) 韓国

　日本と韓国は最も近い隣国であり，歴史的にも深い繋がりがあります。しかしながら，第二次世界大戦時の徴用工問題や慰安婦問題など多くの歴史的な課題が山積しており，友好関係が向上したり険悪な状況に陥ったりと浮き沈みがあります。歴史問題の解決は両国民の感情もあり単純ではなく，一朝一夕には解決は難しいといえます。

　図 5.5 に韓国人の日本に対する好印象度の推移を示します [5]。2015 年に一時的に減少したものの，2019 年までは総じて増加傾向でした。2015 年は，日韓関係において重要な「国交正常化 50 周年」という節目の年でしたが，「慰安婦問題」などの再燃により険悪な状況になり，両国首脳の会談が長く行われず 11 月に漸く実現しました。

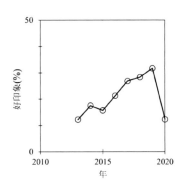

図 5.5　韓国人の日本に対する好印象割合

　訪日者の観光割合を図 5.6 に示します。特性の傾向として図 5.3 と似た傾向を示しています。図中の変動係数は，$cv = 0.0772$（$\sigma = 6.501$）と中国のそれと比較して極めて小さい値です。2017 年と 2018 年の観光者割

合は 90 ％を超えています。

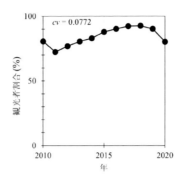

図 5.6　韓国人訪問者の観光割合の推移

図 5.5 と図 5.6 の相関図を図 5.7 に示します。

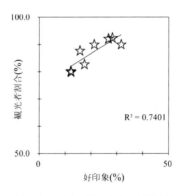

図 5.7　韓国人の日本の好印象度と観光割合の相関

決定係数 $R^2 = 0.7401$ とかなり強い相関があります。相互に好印象を
もつ施策が観光割合増加に効果的に繋がります。

(3) 台湾

　台湾は，最も親日的な地域といわれています。日台の課題として，尖閣

諸島（台湾名：釣魚台）領有権問題があります。1969 年頃より台湾も尖閣諸島の領有権を主張しています。特に漁業者は強く領有権を主張していました。一方，災害時においては相互に民間による義援金が被災地に送られ友好関係を醸成してきています。

　調査によると，台湾人は世界で最も好きな国として日本（2018 年度，59 ％）を挙げ，2 位の中国（8 ％）と 3 位の米国（4 ％）を大きく離しています。台湾人が最も好きな国として日本を挙げている割合の推移を，図 5.8 に示します [6]。

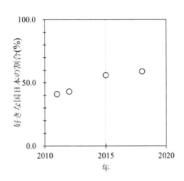

図 5.8　台湾人が最も好きな国として日本を挙げた割合

　最も好きな国の割合は，中国や韓国の場合に採用した好印象度とは異なる因子ですが，比較のために採用しました。アンケート調査も実施されたりされなかったりと年により異なり，プロットも間欠的となっています。参考として，2009 年の調査では 52 ％が報告（グラフ内にプロットはありません）されています。精度ある比較・調査のためには，台湾地域にも好印象度の調査が必要となります。

　図 5.9 に台湾人訪問者の観光割合の推移を示します。

　ほぼ 95 ％を維持し，最大は 2017 年の 95.6 ％です。2020 年は新型コロナ蔓延により 93.4 ％と幾分減少しました。ただ，2020 年はコロナ禍でもあり，対策が充実し感染割合の少ない台湾と比較し日本の感染状況の悪化が影響したものと考えられます。$cv = 0.0289$（$\sigma = 2.701$）。

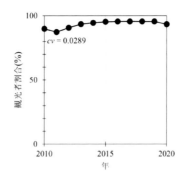

図 5.9　訪日台湾人の観光割合の推移

図 5.8 と図 5.9 の相関図を，図 5.10 に示します。

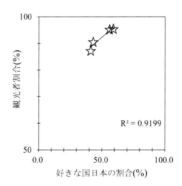

図 5.10　台湾人が最も好きな国として日本を選んだ割合と観光割合の相関

　データ数が 4 個と少ないですが，決定係数 $R^2 = 0.9199$ と非常に大きな値が得られています。これまで調べてきた中国や韓国と比較し最も大きい値です。このため，好きな国として日本を挙げる割合を調べることにより，高い信頼性で観光割合を予測できると考えられます。観光者数の予測に繋げる要因といえます。

5.2.2　観光割合の変化率

これまで，日本のインバウンドの過半数を占める 3 か国・地域からの訪問者の観光割合の推移について述べ，その変化率の推移を導出しました。変化率が少ないことは，安定的に訪問者を確保する重要な因子と考えられます。また，両国関係が安定しているともいえます。

3 か国・地域とも 2011 年の割合が最も低い値を示していましたので，その値を基準に変化率を求めました。変化率は 2011 年の観光割合（r_{2011}）と各年の観光割合（r_x）の差を求め，それを r_{2011} で除することにより導出しました。結果を図 5.11 に示します。

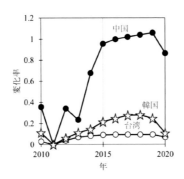

図 5.11　3 か国・地域の観光割合の変化率

中国の変化率の変動が大きいことが認識できます。2011 年の中国の観光割合は 43.4 ％と，韓国や台湾に比較して小さいため変動が大きくなったといえます。2015 年以降から 2019 年に限定するといずれも小さい変動幅です。最も変動が少ないのは台湾です。2011 年 3 月 11 日に東日本大震災が発生したことにより，東京電力福島第一原発から放射性物質が大量に放出され世界に衝撃を与えました [7]。

2023 年には，原子炉の冷却に使われた放射性物質を含む処理水を太平洋に放出しました。日本国内はじめ近隣の国々でも抗議運動が続く中での決行でした。この放出で中国は日本産水産物の全面禁輸を発表し，両国の大きな課題となりました。ただ，国際原子力機関（IAEA）は，処理水が

人間や環境に与える影響は「無視できる程度」だとしています。台湾でも大きな課題となっています。この原発災害により，総インバウンド数が大きく減少しました。それに反して，台湾からの観光割合の減少がかなり少なく，常に安定した割合が維持されているといえます。ただし，訪問者自体は対前年比 21.6 ％の減少でした。台湾は最も親日で安定的な訪日観光割合を有した地域です。これは外交的軋轢を生む要因が少ないことも関係しています。相互の国・地域の関係が安定的に良好な関係を築くことが最も大切な課題といえます。

　日本を訪問するインバウンドの主要な発地国・地域は中国，韓国，台湾です。ここ数年は，この 3 か国・地域で総数の過半数を占める状況が続いています。主要訪問地としては東京，大阪，千葉，京都，奈良などに多くが訪問しますが，地方も訪問し地方経済に貢献しつつあります。コロナ禍以降の地方訪問率が向上しています。地方はその消費効果に依拠している面が多分にあります。日本は少子高齢化（特に地方）が進行して人口減少時代に入っており，国内旅行者の著しい増加は難しいといえます。国内事情としても，地方はインバウンドによる経済効果に頼らざるをえない側面があります。先の 3 か国・地域からの訪問者増加策は，将来的にも大きな役割を担うものと思われます。同時に，その消費効果を向上する施策も求められます。また，多くのインバウンドは訪問後に日本に親近感を抱くと報じられています。波及効果として外交にも貢献することになります。

　本章において，ここ 10 年間の 3 か国・地域の印象や好きな国として日本を挙げる割合と観光割合をベースに解析を行いました。結果として，韓国人と台湾人の日本に対する好印象度や日本を好きな国として挙げる割合と観光割合の決定係数が大きく，それらの因子からある程度は予測が可能と判断できます。中国の場合の決定係数は小さい値ですが，好印象度の特性を 1 年進めるとその値が少し増すことが判明しています。ここ数年に限定すると，中国の決定係数がさらに小さくなります。中国は世界第二位の経済大国であり，ここ数年以内には世界第一位になると予測されています。日本のみならず米国とも貿易などで大きく関係しています。中国と日本の関係は複雑ですし，国民感情に影響する懸案事項が山積しています。観光割合から見ると台湾は安定した割合を維持しています。

　以上の結果より，韓国と台湾の日本の印象度から訪問者を予測して予め観光戦略を構築する端緒になることが期待できます。韓国と台湾においては，単純に回帰式から観光割合の予測がかなり可能ですが，中国の場合は難しい現状といえます。中国の場合は，複数の要因をもとに AI（深層学習）による予測が必須であると思われます。将来的には，精度向上を目的とした新たな解析法を導入し，情報通信技術を活用した人材・設備など有効な資源配置による高い生産効率が求められます。これは観光産業の全ての領域にも求められています。

5.3　北陸地域の特徴

　2019 年の訪日外国人の発地国・地域は図 2.4 に示した通り，上位の中国，韓国，台湾，香港で約 70 ％を占めていました。これは地理的要件（比較的近隣）や日本の文化的水準の高さが大きく影響しているといえます。米国の 6 ％は比較的高い割合です。日米の安全保障や経済的利害一致などの要因もありますが，サプライチェーン（SCM：Supply Chain Management）による輸出入総額（1 位中国（約 24%），2 位米国（約 15%））やアジアで洗練された日本文化に対する高い魅力も要因です [15]。世界からの訪問者の割合を経済発展の端緒として，地域ごとの誘致策が必要です。

　北陸地域は富山県（102.2 万人），石川県（111.9 万人），福井県（75.4 万人）から構成され，日本のほぼ中央部に位置し，日本海に面しています。3 県の人口は 290 万人未満（2022 年）であり少子高齢化が進行し，観光産業への期待度が高い状況にあります。2015 年に北陸新幹線が長野から金沢まで延伸され，地域観光産業への期待が高まり，実際に観光客数も大きく伸びました。2024 年 3 月に福井県敦賀市まで延伸されました。

　北陸三県はよく似た観光資源を有しています。特に自然資源としては，日本海や立山や白山などの連峰，さらに温泉，食，工芸があります。注目度の高い歴史資源は，石川県金沢市に数多くあります。北陸三県の新幹線駅に「○○温泉」と命名されている駅が三駅（黒部宇奈月温泉，加賀温

泉，芦原温泉）あります。外国人からは，3県の自然や文化資源はほとんど似ていると感じられるのではとの感触があります。この面から，北陸を一体的に捉えた観光戦略が必要です。特に3県共通の「全交通フリー切符」（鉄道，バス，近距離のタクシー利用など）の販売は外国人や高齢訪問者に利便性を供与します。

以下，3県の国別外国人訪問者の特徴について述べていきます。

5.3.1 石川県

石川県は大きく3つの地域に分けられています。すなわち，金沢市を中心とする「金沢」，北部の能登半島に位置する「能登」，県南部の「加賀」地域です。2015年3月に北陸新幹線が長野から金沢まで延伸されたことにより，観光客が著しく増加したのは金沢地域です[16]。

2024年3月に，北陸新幹線が金沢からさらに福井県敦賀市まで延伸されることにより，石川県南部加賀地域には小松，加賀の2駅が加わりました。戦略によりかなりの観光者増が期待されます。少なくとも首都圏（東京都・埼玉県・千葉県・神奈川県：エリア人口約3,500万人）とダイレクトに結ばれ，訪問者数の増加が期待できます。

石川県における外国人延べ宿泊者数の推移を図5.12に示します。

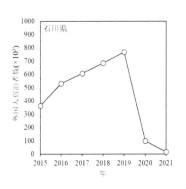

図 5.12　石川県延べ訪日外国人宿泊者数の推移

新幹線が延伸された2015年を基準とすると，2019年は2.1倍に増加

しています。これは訪日外国人の増加率（1.62倍）と比較しても大きく，新幹線延伸効果が大であるといえます。

2019年の発地国・地域からの宿泊者数割合を図5.13に示します。台湾からが最も多く，続いて中国，香港で約45％を占めます[6]。図2.4と比較して米国や豪州の割合が大きいといえます。欧米からの訪問者に魅力ある資源（歴史や文化）が多いと考えられます。訪日割合（18％）に比して，石川県を訪問した韓国人の割合が極めて少ないです（2.6％）。このため，図中には示してありません。

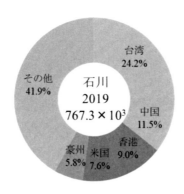

図 5.13　2019年における石川県延べ外国人宿泊者数割合

2019年の各国の訪日旅行者数と石川県の延べ宿泊者数割合の相関図を図5.14に示します。石川県においては，中国の割合がかなり少ない（11.5％）ことがわかります。台湾人に比して，中国からの訪問者の旅行消費額が約3倍（ショッピングが多い）と高く，短期的には中国人増加策に注力する必要があると考えられます[6]。

2019年の実質中国人延べ宿泊者数は，約88,200人・泊であり訪日割合と同様に，単純に3倍になるならば，264,000人程度になり地元経済効果も期待できます。韓国からの訪問者数割合は2.6％と極めて少なく，その他（The others）に含まれています。上位5か国・地域以外をその他としてまとめると，石川県の「その他」は42％，日本全体での訪日外国人は60％でした。石川県は，その他の割合が少なく特定の国からの訪問者

に集中する傾向があるといえます。

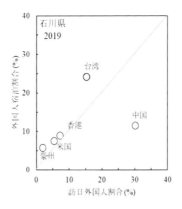

図 5.14　2019 年の訪日外国人の割合と
石川県における延べ外国人宿泊者数割合の相関

5.3.2　富山県

　富山県は工業県といわれています。大阪税関のデータによると，富山県
の貿易総額が石川県より少し多いです [8]。自然資源として立山があり，
20m を超えることもある壁雪の遊歩道である「雪の大谷」（4 月中旬から
6 月中旬）は外国人（特に雪に触れることが少ない台湾からの訪問者）に
人気があります。このため，北陸三県の中では台湾からの訪問者割合が
31.6%（2019 年）と最も多いです。富山空港は台湾からの定期便がある
ことが大きな要因です。

　富山県の外国人延べ宿泊者数の推移を図 5.15 に示します。

　石川県の特性と酷似していますが，2019 年のピーク値は石川県の 50 ％
以下です。その発地国・地域の割合を図 5.16 に示します。台湾の占める割
合が大きいといえます。中国や香港からの割合は石川県と同程度ですが，
欧米からの訪問者数が少ないです。

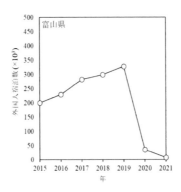

図 5.15　富山県延べ訪日外国人数宿泊者数の推移

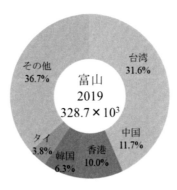

図 5.16　2019 年における富山県延べ外国人宿泊者数割合

　2019 年の各国からの訪日旅行者数と富山県への延べ宿泊者数の相関図を図 5.17 に示します。

　石川県と同様に中国からの宿泊者数割合が著しく少ないです。韓国の割合も少ないですが，石川県の割合である 2.6％より多く 6.3％も占めています。富山県においては，短期的にはこれら 2 か国からの宿泊者数（訪問者数）と欧米からの宿泊者数増加策が必要といえます。

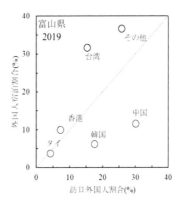

図 5.17　2019 年の訪日外国人の割合と
富山県における延べ外国人宿泊者数割合の相関

5.3.3　福井県

福井県は北陸三県の中で最も人口が少ないですが京都に近く，古くから京都（古い都）や大阪との結びつきが強いです。福井と京都間は JR 特急で約 1 時間半です。産業としては，眼鏡関連部品の出荷額が全国 1 位です。他にも電子部品，化学工業，繊維工業も盛んです。

観光資源として「恐竜博物館」が脚光を浴びています。同館は，海外からの訪問者もよく知っているアンモナイトなど古代生物の化石解析なども掲載した学術誌を刊行しています [17]。

福井県の外国人延べ宿泊者数の推移を図 5.18 に示します [7]。2019 年（約 10 万人）までの伸び率が大きかったのですが，コロナ感染症発生により 2020 年以降激減しています。石川・富山県と比較して総数がかなり少ないです（石川県の 12.7 ％）。

その発地国・地域の割合を図 5.19 に示します。台湾の占める割合は石川県と同程度です。香港からの訪問者が多く台湾の割合と同程度となっています。香港の割合は，石川と富山の割合と大きく異なります。

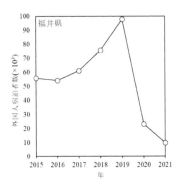

図 5.18　福井県延べ訪日外国人宿泊者数の推移

図 5.19　2019 年における福井県延べ外国人宿泊者数割合

　2019 年の各国からの訪日旅行者数と福井県の延べ宿泊者数の相関図を図 5.20 に示します。中国と韓国の割合が少なく，この点においては富山県の傾向と同様です。その他のプロットは，訪日外国人の割合と同程度（約 30 ％）です。福井県においても，富山県同様，短期的に中国と韓国からの宿泊者数増が求められます。

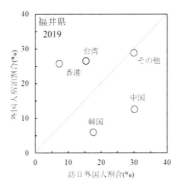

図 5.20　　2019 年の訪日外国人の割合と
福井県における延べ外国人宿泊者数割合の相関

　福井県における発地国・地域の延べ宿泊割合と旅行消費額の割合の相関
図を図 5.21 に示します。中国からの訪問者の消費額が際立って多いです。
比して台湾のそれは意外と少ないです。福井県には，台湾人にとって消費
効果の大きな資源が少ないといえます。また，直行便などがないことも影
響しています。一方，香港からの訪問者の消費額は比較的多いという特徴
があります。訪問者と観光資源の整合性について検討し，より効果のある
資源の提供が必要となります。

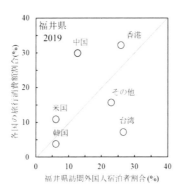

図 5.21　　2019 年の福井県外国人訪問割合と
旅行消費額割合の相関

5.4　中国・韓国からの訪問者数増加策の必要性

　北陸三県の外国人延べ宿泊者数と訪日外国人数と比較し，その特徴について述べてきました。日本は，地域ごとに多様な特徴があります。

　初めて日本を訪問する外国人は，一般に知られている東京や大阪，京都を訪問する傾向がありますが，2 回目や 3 回目の訪問時には地方を訪れる心理的な余裕も生まれます。2023 年以降は，地方を訪問するリピーターも増加しています。飛行機で成田・羽田や関空から入国してトランジット（乗り継ぎ）で地方を訪問することも増えてきます。さらに，新幹線の駅がある地方へは利便性から訪問者数が増えることが予想されます [18]。訪日外国人には，JR6 社が提供する廉価なジャパン・レール・パスもあり，地方訪問がスムーズで使い勝手の良い切符があり高い人気を得ています。飛行機での入国者数は成田・関空から多いのですが，直接に地方空港やフェリーで入国することもあります。地方としては，マーケットから検討するとこれらの訪問者数も無視することができません。

　石川県と富山県には定期便が運行する空港（小松空港，富山空港，能登空港）がありますが，その多くは羽田便です。福井県にも空港がありますが，自家用プロペラ機やグライダーの発着用で定期便はありません。飛行機のみならずフェリーなどの定期便の誘致にも注力する必要があります。そのためには，観光のみならず商用や教育を含む様々な「交流」を促進し，利用者数をある程度確保できる状況を維持する必要があります [19]。すなわち，単に観光資源のアピールのみならず人と人の交流を基盤として交流のベースとなる人口を確保しておくことが肝要です。

　例えば，住民主体で関係人口を増やす要因を整備して PR する方策を準備することも効果が期待できます。また，友好・姉妹提携都市（都道府県を含む）を増やして市民同士の交流を日頃から促進する環境も整備しておくことも効果があります。日本全体として外国との友好・姉妹都市提携自治体は 1,750 件を超えます。

　北陸三県の海外友好・姉妹都市提携件数を表 5.1 に示します。

表 5.1　北陸三県における地方自治体の海外友好・姉妹都市提携の割合
（総提携数は 88 自治体）

国・地域	市町村 (%)
中国	26.14
米国	17.05
韓国	11.36
台湾	9.09
ロシア	9.09
ブラジル	6.82
その他	20.45

　全体で約 90 都市（県ごとの数を単純合算）あり，中国が最も多く 26 ％を占めていますが，国土・人口の大きさからは増やす必要性があります。隣国である韓国も 11.3 ％と少なく増加策が必要です。米国の割合が 17 ％と高いです。米国は北陸三県の輸出額の約 13 ％を占めています。これは中国（24 ％），韓国（16 ％）に続いて 3 位です。輸出先から考慮しても，提携都市数に反映しているといえます。この点からは，日本はかなり米国寄りともいえます。長期的な戦略として，地域性を考慮し中国，韓国，ロシアとの友好・姉妹都市協定が必要です。それに基づいた教育交流やビジネス交流を促進させる地域戦略も有効となっていきます。

　ビジネス目的で訪日する外国人も 5〜6 ％おり，地方にとってある程度の経済効果が見込め，後日，当該訪日者が観光訪問に繋がることも期待されます。北陸地方の貿易総額（2019 年）は，大雑把には富山県 40 ％，石川県 40 ％，福井県が 20 ％といえます。外国人宿泊者数の割合は，石川県 60 ％，富山県 30 ％，福井県 10 ％です。各県の貿易総額と外国人宿泊者数の特徴を調べると傾向がよく似ていることがわかります [20]。

　各県の貿易総額と外国人宿泊者数の散布図を図 5.22 に示します。

　2015 年から 2021 年までのプロットを示しています。各年のプロットの移行の傾向が同じであり，額は異なるものの 3 県は同じ傾向を示していることがわかります。

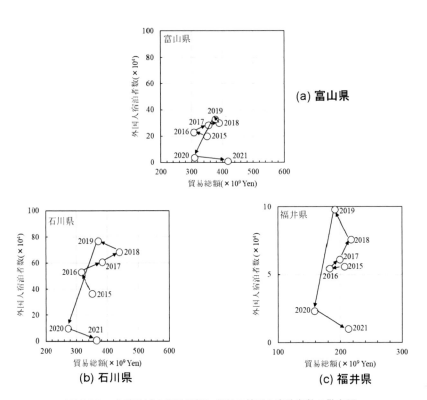

図 5.22　北陸地域の貿易総額と各県の外国人宿泊者数の散布図
※福井県は他の県と縦軸のスケールが異なっています。

5.5　まとめ

　訪日外国人数トップ 3 か国・地域の日本への印象について述べました。中国を除いて，韓国と台湾からの訪問者数が良い印象をもつ割合と相関があることがわかりました。中国におけるその相関は低いものの，印象の軸を 1 年程度ずらすと幾らか相関が向上します。この結果から印象を調べることにより訪日者数の増減を，精度は良くない面がありますが予測することも考えられます。将来に向けての課題といえます。様々な施策を試していくことが必要です。

　北陸 3 県の人口は 300 万人に満たなく，大阪府の 3 割以下です。北陸三県は一体として観光戦略を構築し，資源を提供し連携する方がコスト的に有効でありパフォーマンスも向上します。例えば，地域内乗り放題交通パスは言語的にハンディがある外国人や身体的にハンディがある高齢者にとって利便性が高いといえます。運輸業界全体として脱炭素化にも有効です。何よりあらゆる訪問者の利便性を向上した方策を追求し提供していくことが必要です。本章においては，訪日外国人の発地国・地域と北陸三県外国人延べ宿泊者数間の割合に大きな齟齬が存在していることを示しました。すなわち，中国からの訪問者割合が三県いずれも約 11~12% ですが，訪日割合は 30% を超える状況にあります。

　また，中国人の旅行消費額が高いという特徴があります。この点に関しては，常に把握する手段を構築しておく必要があります。中国から北陸へ訪問者割合が 30 ％程度になれば，短期的に高い経済効果が得られます。三県の貿易総額と外国人宿泊者数の散布図において，各年のプロット移行傾向が同じ特徴を示しています。この傾向は北陸の特徴ともいえます。

　北陸地域は表 5.1 に示したように，友好姉妹都市協定数として米国の割合が高い特徴があります。これを維持することは当然ですが，中国や韓国，台湾の協定数を増加・充実させることは，交流人口の基礎となる訪問者数を向上させることに繋がります。その値をベースとして定期便の誘致に繋げることも一案です。さらに，日本語がネイティブでない国・地域からの訪問者が利用しやすいハード・ソフトインフラを提供すべきです。使いやすい交通パスの発行などは当然です。ICT を活用したプラットフォーム構築など有効な施策を検討し，訪問者が訪れやすい環境や社会を醸成していくことが，全ての地域に求められる課題といえます。

演習問題

1. 昨年の北陸各県宿泊外国人数を示しなさい。また，三県の特徴を述べなさい。データは各自ネットから収集してください。

2. 昨年の福井県，石川県，富山県の外国人宿泊者の発地国・地域の特徴を調べ，その特徴の背景を述べなさい。

参考文献

[1] Takashi Oyabu, Hidetaka Nambo, Haruhiko Kimura, Aijun Liu: "Infection status of COVID-19 in Japan and utilization of vaccine passport for overseas travel", *Journal of Global Tourism Research*, Vol.6, No.2, pp.151-156 (2021).

[2] 経済産業省：通商白書 2020，(2020).

[3] 国土交通省：国土交通白書 2021，(2021).

[4] 倉橋節也：新型コロナウイルス（COVID-19）による感染予防策の推定，『人工知能学会論文誌』，Vol.35，No.3D，pp.1-8 (2020).

[5] 森高一：ポストコロナの観光は地域が主役，『NETT (North East Think Tank of Japan)』，2021 Autumn，No.114，pp.12-15 (2021).

[6] 石川県観光戦略推進部：統計からみた石川県の観光，(2021).

[7] 福井県交流文化部観光誘客課：令和元年 福井県観光客入込数（推計），(2020).

[8] 富山県観光・交通振興局観光振興室：令元年富山県観光客入込数等，(2020).

[9] 観光庁観光戦略課観光統計調査室：令和 2 年版 観光白書，(2020).

[10] 亀山嘉大：東アジア地域からのインバウンドと地方公共団体の海外展開，『交通学研究』，Vol.60，pp.55-62 (2017).

[11] 石本東生：京都の観光力を支える「歴史的町並み保存」と観光振興の考察，『日本国際観光学会論文集』，Vol.23，pp.19-27 (2016).

[12] 大津山堅介，齋藤悠介，小松崎暢彦，石井紗知香，松本慎一郎，竹中大貴，廣井悠：COVID-19 に対する都市封鎖の類型化と課題，『都市計画論文集』，Vol.55，No.3，pp.1350-1357 (2020).

[13] 中澤栄一：訪日観光客数の決定要因：グラビティ・モデルを用いた誘致政策の評価，現代経営経済研究，Vol.2，No.3，pp.27-58 (2009).

[14] 岩原廣彦，白木渡，石井美咲：地方都市におけるインバウンド向け観光情報と防災情報を融合した提供ツールの検討，『土木学会論文集 F6（安全問題）』，Vol.74，No.2，pp.I_1-I_10 (2018).

[15] 日本貿易振興機構編：ジェトロ世界貿易投資報告 2019 年版，(2020).

[16] Takashi Oyabu, Hiromi Ban, Aijun Liu and Haruhiko Kimura: "Change of passengers on airplanes due to the opening of the business of the Hokuriku Shinkansen", *Journal of Global Tourism Research*, Vol.3, No.2, pp.129-134 (2018.12).

[17] 後藤道治：アンモナイト類の螺環の内部構造を説明するための模型試作，『福井県立恐竜博物館紀要』，Vol.12，pp.87-92 (2013).

[18] 水谷淳，酒井裕規：北陸新幹線の金沢延伸による航空市場への影響について，『交通学研究』，第 62 号，pp.173-180 (2019).

[19] Takashi Oyabu, Hidetaka Nambo, Haruhiko Kimura, Aijun Liu: "Statistical relation between foreign visitors to Japan for business and the amount of Japan's total trade", *Journal of Global Tourism Research*, Vol. 7, No. 2, pp.119-123 (2022.11).

[20] 日本貿易会：日本貿易の現状 2022，(2022).

第6章

伝統産業と観光

6.1　はじめに

　伝統工芸品とは，その地域から産出される素材をもとに，伝統的な技法と匠の技をもってつくられてきたものです。

　経済産業省によると，経済産業大臣は，「伝統的工芸品」として，以下の 5 つの要件に該当する工芸品を指定します [1]。

1. 主として日常生活の用に供されるものであること。
2. その製造過程の主要部分が手工業的であること。
3. 伝統的な技術又は技法により製造されるものであること。
4. 伝統的に使用されてきた原材料が主たる原材料として用いられ，製造されるものであること。
5. 一定の地域において少なくない数の者がその製造を行い，又はその製造に従事しているものであること。

　また，指定された伝統的工芸品について，事情の変更その他特別の事由があると認める場合には，指定の内容の変更を行うことができ，指定又は指定の変更を希望する場合は，一定の要件に該当する事業協同組合等（事業協同組合，協同組合連合会，商工組合その他の団体）が，都道府県知事などを経由して，経済産業大臣に申し出を行うことができると説明されています。

　伝統工芸は重要な観光資源であり，SDGs の観点や教育，様々な点から重要視されています。伝統産業見学や地域の文化を体験する観光が人気を集めているのは，地元の風土や歴史に触れることで，より深い経験と学びを得たいというニーズがあるからと考えられます。地域の特色や伝統を大切にする観光が重要視される傾向が続いているのは，SDGs への関心の高まりが観光産業にも影響を与えていると考えられ，地域の伝統産業見学や文化体験型の観光は持続可能な観光の一形態として位置づけられることがあります。そのため，地域の文化や環境を尊重し，地域住民の生活向上に貢献することが求められています。さらに，観光者が伝統工芸，産業の場を訪れることで地域経済の活性化や文化の保存に寄与するケースが増えていると考えられます。

　また，SDGs への関心の高まりと伝統工芸・産業・文化体験型の観光の人気が，少数分散型の観光にも繋がる可能性をもっています。地域の伝統工芸を訪れる観光スタイルは，観光者がより広範囲の地域を訪れるきっかけとなるため少数分散型の観光を促進する要因となり，観光地の過度な集中を避け，地域全体に利益をもたらす持続可能な観光の形態となると考えられます。

　実際に，観光者が地域の伝統的な工芸品を学び，自分で製作する伝統工芸の体験ツアーや，伝統的な料理を学ぶツアーや食べ歩きツアーも人気があり，観光者の興味が高まることで地域の食材や伝統的な調理法に対する需要が増え，地域の農業や食文化が活性化します。また，伝統行事や祭りに観光者が参加することが，その行事の継続や活性化に貢献します。伝統工芸・産業と観光の相乗効果により，地域の経済と文化の持続的な発展が促進され，交流を生み出すことで，より豊かな体験とともに地域社会全体に利益をもたらすことが可能です。

　国内でも日本の伝統工芸体験ツアーは各地で活性化していますが，海外においても，観光者と地域住民の相互交流や経済的な発展が実現されています。例えば，ベトナムでは，ハノイやホイアンなどの地域で伝統的な工芸品づくり体験が行われています。ベトナム北部を代表する伝統工芸品バッチャン焼きの発祥地である，バッチャン村を訪問するツアーも人気です。観光者が伝統的な工芸品を制作することで，地域の伝統工芸産業が活性化し，文化的な遺産が継承されています。

　観光資源としての伝統工芸の役割は図6.1のように，様々な波及効果があることがわかります。特に，伝統工芸は地域の文化や歴史，アイデンティティを象徴していることが観光資源としての大きな価値となります。その地域特有の伝統工芸技術や作品は，代々受け継がれてきたものが多く，その地域や国のアイデンティティを維持しています。また，後継者に悩む伝統産業も多く，観光を取り入れたことにより次世代に伝える役割を果たす事例も出てきています。

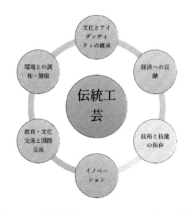

図 6.1　観光資源としての伝統工芸の役割

　また，伝統工芸は地域経済に重要な役割を果たしています。伝統工芸の生産や販売に関連する産業は，地域の雇用を創出し，観光業など他の産業との連携を促進することで地域経済に寄与します。障がい者支援にも注目されています。伝統工芸は，伝統的な技術や技能を含んでいます。これらの技術は失われないように保護されることで，後世に伝統的な技能が継続されることが可能となります。

　さらに，伝統工芸は新しいアイデアやデザインを産出し，伝統的な技術を現代的なデザインや製造プロセスに組み込むことで，イノベーションが生まれることもあります。また，他の地域や国との文化的な交流を通じて，新たな視点や理解が生まれることがあります。留学生が伝統工芸の観光を通して，日本を知るきっかけとなるケースが多くあります。SDGs の観点からも伝統工芸は自然素材を使用しているケースが多く，環境に配慮した製造方法をもっています。そのため，持続可能な製造や消費の一環として重要視されることがあります。

　これらの理由から，伝統工芸は社会的・経済的・文化的な側面で大切な観光資源であり，観光資源として伝統工芸の保護と継承は，地域の発展や文化の豊かさに寄与する重要な取り組みとなります。本章では，上記の点から観光資源としての伝統工芸の役割を，福井県鯖江市河和田（かわだ）地区の事例を紹介しながら説明していきます。

6.2 地域の伝統を活かした観光資源の発掘，再生

　福井県鯖江市東部にある河和田地区は現在，人口約 3,700 人の地域です。三方を山に囲まれた自然豊かなこの地域は，1,500 年以上の歴史をもつ越前漆器や，福井の地場産業である眼鏡枠づくりを行う「ものづくりのまち」としても注目されています。河和田の歴史は漆とともにあり，福井県で最初に指定を受けた国の伝統工芸士・伝統工芸品の認定を受けている越前漆器の歴史は古く，1,500 年前に第 26 代継体天皇が皇子の頃に漆器づくりを推奨したことが起こりとされています。

　鯖江市では学校給食でも越前漆器を用いており，「食育」，「物育」の教育が広く広まっている地域です。ここ数年で広く知られるようになった「食育」という考え方，言葉は福井県出身の医師・石塚左玄（いしづか・さげん）の発表した「科学的食養長寿論」において石塚左玄が考案したもので，初めて使われたのは明治時代でのことでした。

　業務用漆器は全国の 80 ％のシェアを確保している地域ですが，1985 年以降の事業所数と従業員数を見ると，どちらも 1993 年以降は減少しています。また，生産額も 1991 年以降減少の一途をたどっています。しかし，観光客数は 1994 年以降増加しているのです [2]。なぜでしょうか？それは，漆の里河和田としての位置づけと将来像を描いて計画を立てたからと考えられます。河和田地区では漆の里づくりの視点として「住んでよし」「働いてよし」「訪れてよし」といわれる河和田をつくることとして，

1. 地域住民にとっての視点
2. 地場産業で働く人の視点
3. 訪れる人の視点

の 3 つの視点から，うるしの里づくりとして以下の 5 つの目標を掲げました。

1. 地場産業の振興
2. 交流観光，産業観光の推進

　　3. 自然と景観の保全と活用
　　4. 地域文化の向上創出
　　5. 生涯現役の力の活用

　このように交流観光，産業観光を推進することを明示し，地域ぐるみで共通の目標をもつことは，メンバー間の協力とコミュニケーションの活発化，モチベーションの向上，目標に到達するための具体的な計画や戦略を立てる上で重要です。

6.3　災害からの復興と観光

　災害からの復興において，観光が重要な役割を果たすことがあります。観光による復興では，地域住民，事業者，自治体，NPO や他地域からの支援プロジェクトなどを通じて共同体，ネットワーク構築，そして，その後の信頼できる関係づくり，持続可能性のある活動が重要です。地域住民の意向やニーズを尊重し，共感・協働する形で観光復興を進めることが重要であり，災害の記憶や教訓も共有し，災害への備えや防災意識を高める活動を行う意義ももちます。

　ここでは，2004 年の福井豪雨の災害復興支援をきっかけに災害復興支援を行ったメンバーを中心に福井県鯖江市河和田地区でスタートした河和田アートキャンプについて紹介します。

　2004 年 7 月福井豪雨による多大な被害を受けた河和田地区の惨事が，この活動のきっかけとなりました。被害状況は，鯖江市において人的被害は死者 1 名，負傷者 13 名にのぼり，住宅被害は 128 棟が損壊を受け 981 棟が床上，床下浸水の被害を受け被害総額約 47 億円となりました。さらに，道路などの公共土木施設関係で 4 億 2 千万円，農地，林道などの農林施設関係で 10 億 9 千万円，その他公共施設関係やごみ処理関係で 2 億 3 千万円，産業関係では漆器，繊維などの諸工業関係で 41 億円，水稲，大豆などの農産物関係で 6 億円，総計約 112 億円の被害が発生しました。このとき，県内外から 1 万人を超すボランティアの方々に，家に入った泥

の除去作業やごみの処理を行っていただきました。

図 6.2　河和田小学校校庭に積まれたゴミと
被災した民家の支援に訪れたボランティアの方

　さらに，その後の復興に向けて 8 月，地元の NPO 法人かわだ夢グリーンの呼びかけに京都を拠点に活動をする大学生や若手作家が集まり，被災後の地域復興・環境問題の教育・伝統文化の活性を切り口に地域住民だけでは成しえない新しい活動が芽生えました。参加者は理系，文系，芸術系と多岐にわたる専門性を持ち合わせた多角的な視点や解釈，手法で環境を考えた風景づくり（Eco-scape）を提唱し，持続可能なまちづくりを考えていく中で新しい河和田を提案していきました。

6.4　観光と教育

　アートキャンプは，毎年，芸術を学ぶ大都市圏の学生や留学生ら大学生が集まり，夏休みの期間を含む年間 70 日間を使って，古民家で共同生活をしながら，河和田の地元の方々と一緒に河和田の未来を考え作品づくりをする活動で現在も形を変化しながら続いています（図 6.3）。現在までに，全国から河和田アートキャンプに 50 大学（姉妹活動として福井県内の坂井市で行った竹田 T キャンプと小浜市で行った小浜 R アートキャンプを含めると全国から 89 の大学[3]）が参画し，各大学のアートキャンプ参加学生と福井の大学生が協力しながら，地元の地域住民や移住した若者たちとの交流を中心に様々な企画，イベントを行っています。

図 6.3　アートキャンプで解決案を会議する学生と住民

図 6.4　プロジェクトごとに色とデザインが異なる
アートキャンプのユニフォーム T シャツ

　河和田アートキャンプに参加した学生（2004〜2023 年）は約 1,000 名
となり，アートキャンプをきっかけに河和田に移住した方は約 30 名とな
ります。現在も地域の伝統産業に従事し，活躍する方も数多く見られてい

ます。

　また，早稲田大学環境ロドリゲス[4] の学生たちが河和田で子どもたち
に環境教育のイベントを主体的に実施し地域と交流を行ってきており，コ
ロナ禍ではオンラインだった活動も 2023 年には復活し，河和田に集ま
り，古民家で宿泊，地域の方がつくった地元の食材を食し，地元の子ども
たちに環境の大切さを教える活動をしています。

　図 6.5 は，地域の方が地域でとれた野菜などを使ってつくった伝統食
を学生と一緒に食事をし，地域のコミュニティセンターで対談する様子
です。

図 6.5　早稲田環境ロドリゲスの学生と河和田地区の方との交流

　このように河和田地区には他県から学生がたくさん訪れており，県内外
の若者たちの知恵と力で河和田の環境についての意識を高めたり，子ども
たちへの教育を行ったりと地域活性化を行っています。若者は新しいアイ
デアや活気を産み，地域のために非常に有益です。そのために，地域の
方々が若者の滞在支援をすることは非常に重要です。都市に住む若者の発
想は新しい価値を与えてくれるケースも多くあります。

　このような地域の活性化や持続的な発展のためには，そのための環境を

考える必要があります。特に滞在支援は重要な点です。古民家を提供または安価に提供してくださる方を探したり，地域の歴史を学んだり，その地域固有の技術を体験できる内容など，地域の方が滞在支援として様々な工夫を行っています。地域のコミュニティやイベントに若者が参加しやすい環境を整え，交流の場を提供するなど地域の方々が若者をサポートし，歓迎する雰囲気をつくることが重要と考えられます。

　河和田地区での活動は，災害から復興し，学生の観光×教育に繋いだ非常に意義深い事例です。伝統工芸をはじめとする地域の産物，環境は地域の文化的遺産を反映しているため，参加した学生が，地域の文化や歴史を学び，さらに地域の子どもたちに教えることで，イノベーションが生まれ，地域の誇りを育んできた活動と考えられます。

　活動例として，農業とアート，林業とアート，伝統とアート，学育とアート，食育とアート，健康とアートといった「生活とアート（地域の暮らしをアート思考で再考する）」というプロジェクトカテゴリーに沿って，自然・環境調査，川遊び体験，中学生蒔絵職人塾，竹笛づくり，バス停プロジェクト，明かりプロジェクト，民家プロジェクト，蔵プロジェクト，空き家プロジェクト，ダンスプロジェクト，コミバス美術館，ワークショッププロジェクト，森づくり，蒔絵体験，テルテル坊主づくり，五感に訴えた街なか建築造形作品づくりなど，非常にたくさんのイベントが開催されてきました。アートキャンプの成果について「まち」を舞台として発表するとともに，スタンプラリー大会を行うなどにより，地域との交流を図りました。

　街なか建築造形作品は，地域の街なか全体に展示されました。テルテル坊主ワークショップは，京都の学生の提案で，地域住民や観光客などうるしの里会館に来場された方々が，同じ災害にあった今立地区の越前和紙を使い500個のテルテル坊主を作成したもので，うるしの里会館に吊り下げられました。福井豪雨が二度と起こりませんようにと願いを込めてつくられたプロジェクトです。その後京都大学西山キャンパスでも飾られ，河和田から京都への訪問交流，さらにその後，京都からの河和田満喫ツアー実施と相互の観光に発展しました。

　また，2005年6月河和田の女性を中心に，地域の4つの活動団体が

ネットワークし「うるしの里いきいき協議会」が発足し、いきいき協議会は、地元の野菜を食べてもらいたいという思いと、伝統工芸である越前漆器の PR をしたいという思いから、昔から河和田地区の家庭に伝わる薬味「山うに（柚子、福耳とうがらし、塩、鷹の爪をすり鉢で丹念にすりおろしたもの）」を地元産の米と卵と一緒に越前漆器に盛りつけたメニューを開発することで、地域の食文化や伝統産業を伝える取り組みを行っています。

図 6.6 は、うるしの里いきいき協議会が開発した地産地消メニューで、山うにのせ温泉たまご丼、煮物、ぜんまいの和え物、揚げなすの田楽、漬物、みそ汁で食材数は 24 点、そのうち地場産数が 20 点で構成されています。減農薬栽培にこだわる家庭菜園から地元の人が栽培した旬のもの・味噌大豆を農家から直接購入し、麹から手づくりされています。これらの活動は農林水産大臣賞などを受賞しており、現在もうるしの里会館の喫茶椀椀でランチなどを提供されています。国内の方から人気がありますが海外の方からも山うにのフレッシュな味と、新鮮な地場野菜の料理が大変好評です。

図 6.6　山うにランチ（温泉たまご）

6.5　観光とまちづくり

　河和田地区の地域のまちづくり会議では，先述の交流事業と並行して歴史を知る活動として，うるしの里の産業・生活・街並み変換実態調査を実施しました。まちの歴史の変遷を探り，福井大学工学部のヒアリング調査で作成された街並みマップをベースとして河和田マップを補足し，地区自治体が大正時代の街の様子を記録した「大正マップ」に対比させて，「昭和マップ」，「平成マップ」の作製を行いました。まちづくり会議では，平成マップをベースに，伝統産業まちの成り立ちを埋め込んでいきました。そこには，

1. 生活の場，生産の場，商いの場，そこに生活する人とまちの成り立ちを地図の上に再現すること
2. これからのまちの復興のために役に立ちそうな 1500 年の歴史を感じられる物，昔の思い出などを掘り起こし，カードに書いて地図に貼りつけること

を行いました。

　さらに，このマップを様々な形で地域の歴史を知りながら観光や地域活性化に繋げる試みが行われています。例として，図 6.7 に日本手ぬぐいを紹介します。

　マップとしても街歩きするのもとても面白いのですが，この日本手ぬぐいを頭に被って週末に地域の女性が朝市でとれたての地場野菜を販売している風景は雰囲気があり，新鮮な野菜と相まって，朝の活気や地域の文化が感じられ，訪れる方にとって心温まる風景となります。

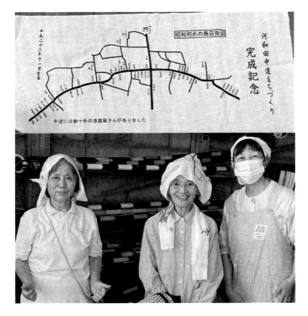

図 6.7 河和田マップを表した日本手ぬぐいと朝市の様子

6.6 持続可能な観光

　2014 年に，河和田アートキャンプはグッドデザイン賞を受賞しました。デザインコンセプトは「芸術が社会に貢献できることとは何か＝創造の原点を，自身が生活する社会に置くこと」であり，その 10 年間の取り組みへの評価となっています。アートキャンプという広義の意味での観光を通じて，伝統工芸の価値を広く知らせることにより伝統工芸産業の持続的な発展と進化が可能となると考えられます。地域の文化や技術を観光の魅力として生かすことで，地域経済とともに伝統工芸の伝承と発展をサポートすることが重要な観点となると考えられるでしょう。

　さらに，河和田アートキャンプ参加学生が河和田への移住し，新しいイベントや企画が催され，継続して現在まで続けられています。

　例えば，河和田を中心として開催された「RENEW」（リニュー） [5] は

117

体験型の新しい観光イベント，体感型マーケットとして年々来客数が増え
ています。鯖江市・越前市・越前町がある丹南地域は越前漆器・越前和
紙・越前打刃物・越前箪笥・越前焼といった伝統的工芸品や，眼鏡・繊維
といった7つもの地場産業が半径10km圏内に集積している地域で，周
辺地域の工房が連携して産地の工房・企業をRENEW開催期間に一斉開
放し体感できるイベントとなっています。漆器や和紙，メガネなど毎年
80近くの工房・企業が一斉開放されます。職人たちの手仕事を間近で見
て，ワークショップへの参加や産品の購入も可能で県内外から多くの観光
者が訪れます。

　図6.8は，RENEW開催期間の総合案内となっているうるしの里会館
の様子です。赤い丸が特徴的です。「あかまる隊」は，福井県鯖江市・越
前市・越前町で開催されるものづくりの祭典「RENEW」および，福井県
丹南エリアのものづくりの産地のサポーターチームで，県内・県外を問わ
ず，全国から大学生や若手社会人が参加しています。RENEW開催期間
は鯖江駅から街じゅうの至るところにこの赤い丸が見られ，統一感を感じ
ます。

図 6.8　うるしの里会館（RENEW 開催時）

6.7　これからの地域活性化を目指した観光 観光 × 健康

　鯖江市農林業体験実習館としての役割も担う「ラポーゼかわだ」の宿泊施設もありますが，古民家を利用した民泊が増えてきて，だんだん沢山の人数が宿泊し体験できるようになってきました。

　例えば，子ども食堂から始まった寺子屋食堂は，古民家と農地を取得し，カワダホール（図 6.9）として，多様な観光者を受け入れる活動が始まっています [6]。

図 6.9　古民家を使った緩やかな持続可能性を目指したカワダホール

　河和田地区の古民家の特徴は漆の里である漆塗であり 100 年以上経っても色合いが素晴らしく，漆塗りの柱は観光者にとっても魅力的です。その古民家に集まり，伝統産業である漆器を使い，食を通して繋がること，農業体験により自分たちで栽培したものをおにぎりにして仲間と食し，誰でも来れるコミュニティを立ち上げています。地産地消で環境に配慮した生産物，地元で自然農法で無理なく栽培されとれた新鮮な野菜，果物を積極的に利用することは，長距離輸送が不要なため CO_2 排出量が減り，環

境配慮にも配慮されています。また，地元の食材とその特徴，調理法を学び，地域の食文化を理解・広める活動は食育・地域食文化の啓発にも繋がります。

このようなゆるやかで SDGs に繋がる観光を選択する人は，今後ますます増えていくと考えられます。おむすびづくりのような当たり前のことですが，昔の普通の暮らしを体験し，丁寧につくって皆で食べると，こんなにおいしいおにぎりは初めてというような感想も聞かれます。

このおむすびは，体験することで伝わるものであり，奇跡のおむすびといわれます。

図 6.10 地域でとれた米でつくった奇跡のおむすびづくり

ここで，どのように観光資源を創出していくか現在進行中の笑壺研 [7] の薬草ツアープロジェクトを事例に紹介していきます。

河和田地区では 1999 年に，ものづくり，まちづくり，くらしづくりの 3 つの部会をもつ「うるしの里協議会」が発足し，くらしづくり部会の中の歴史・口碑グループでは，河和田地区の伝承を集めて記録する作業に取

りかかりました。2003 年より「河和田の昔ばなし」上・中・下を発刊，その後河和田地区に伝わる昔の話を子どもたちに残したいという地域の方々の熱い要望から 3 冊を合本し「河和田の昔ばなし」を発刊しており，鯖江市の HP で公開しています。

例えば，このつくられた昔話の中でも，河内桃と漆の関係が 1500 年も前から伝えられていたと言い伝えがあります。大きさが小さいため，今はほとんど生産されておらず，あまり食べられていない河内桃ですが，素朴な美味しさと無農薬で育っている環境，歴史的な学びがあるものとして，観光名産としてスポットを当て，地域の NPO 法人かわだ夢グリーン [8]，さらに地域で新しく発足したかわだ薬草研究会とカワダホールの協働で，観光名産として，6 次産業化が進められています。

さらに，地域に生えているこのような植物は，分散して生えていることが多いですが，QR コード [9] を設置し，DX と組み合わせることで歴史を学ぶ分散植物園にもなります。

地域観光とデジタルトランスフォーメーション（DX）を組み合わせるアイデアは，今後の観光産業において重要な要素となります。例えば，地域に生えている植物は，よく調べると様々な歴史をもっているケースがあります。河和田地区では，桑や河内桃という桃が自然に育っています。

ここで，河和田の昔ばなし [10] を図 6.11 に示します。

次のページにまたがっているので，河内桃の部分を，抜粋すると "1500 年前に継体天皇が男大迹皇子（おおとのおうじ）とよばれていたころ，米がたくさんとれるように，九頭竜川，足羽川，日野川の改修をして，荒れ地を田に変えておられました。この河内の山の源流まで何度かおいでになりました。尾花には最愛の茨田姫もお住まいです。ある日，この桃の木谷においでになった皇子は，モモをとろうとして，岩間にお冠をおとされてしまいました。こわれたお冠を修繕してさしあげたのが縁で，おわんづくりを進められ，河和田は漆器の里に発展したということです。時はながれ，名物となった桃は，大きな竹かごに入れられ，人に背負われて，折立坂，赤谷坂，清根坂，金谷坂や西袋の坂をこえて，福井や武生や大野の方までも売りに出されました。真夏の朝早く，日くれてから提灯のあかりで坂を越したのです。水口道場（願隆寺）の境内でも市が立ちまし

121

た。・・・・・"と続き，さらに河内桃が今市販されている桃より小さい
ため主役の座を明け渡し，桃の代わりに桑の木が植えられ，養蚕の時代と
なったことが示されています。現在，桑の木は自然にあちこちにあり，河
和田の特産の無農薬の桑茶としても販売されています。

図 6.11　鯖江地区の昔話（河内桃）の 1 ページ

　他にもこの地域には地域特有の薬草が地域のあちこちに自生しており，
これらの植物を用いた薬草園をテーマにしたのんびり歩けるツアーを企
画しています。このようなサステナブルツーリズムやエコツーリズムは，
オーバーツーリズムの解消にも役立つと考えられます。
　地域特有の植物を薬草園としてテーマにした観光地の開発は，自然や健
康に興味をもつ多くの人々を引きつける可能性があります。では，この地
域の植物と DX を組み合わせた，かわだ薬草園計画を導いた具体的なアイ
デアと計画について紹介していきます。

計画段階

(1) 調査・リサーチ

　地域の薬草についての歴史，文化，効能を調査。

(2) 地域協力

　地元の自治体や地域の NPO，団体と連携を図る。NPO 法人かわだ夢グリーン（地域の NPO），かわだ薬草研究会（農福連携を推進している研究者団体），地域団体カワダホール（元子ども食堂を行ってきた団体），一般社団法人笑壺研（障がい者支援などを行う研究団体），福井高専・福井大学の教員学生。

(3) 資金調達

　地域振興の助成金を検討する。

(4) 設計・計画

　植物栽培，園内の設計，QR コードの配置場所，HP 設計など。

実施段階

(1) ウェブサイト作成

　薬草と観光地についての情報を発信するウェブサイトを開設。地域や特定の薬草が持つストーリーをソーシャルメディアで共有。

(2)QR コードの設置

　各薬草園やスポットに QR コードを配置。スマートフォンで読み取ると，その薬草の説明詳細情報がウェブサイトで表示される。

(3) スタンプラリーの企画

　複数の植物栽培地点やスポットを巡るスタンプラリーを企画。様々な団体が QR コードを利用できる。完了者には何らかの特典を提供。

　このような地域の人たちでつくられた事業には様々な良い点があります。まず，教育的要素として，薬草の効能や歴史を知ることができます。毎月開催する薬草講座では，薬草の効能の知識伝授や薬茶の試飲だけでなく，薬草について書かれた紀元前の書物を研究者と一緒に読み解いたり，地域の方と一緒に地域の歴史に繋がる接点について話し合ったり，さらに

皆で地域のフェスティバルに出展するための薬膳料理を考えることで地域
活性化に繋げています。

　また，DX を用いることで，インタラクティブな活動を促せます。例え
ば，QR コードを使った情報収集やゲーム性のあるスタンプラリーなど，
様々な企画ができます。さらに，地域資源の活用をすることで，地元の特
産品や文化を活かして新しい観光資源を創出できます。このようなプラン
を用いて地域観光と DX の融合を図れば，地域の力で魅力的な観光地をつ
くることが可能です。さらに，このような地域資源を活用するための植物
栽培などを障がい者支援団体と農福連携事業を行うことで，障がい者支援
と就労支援を促進することが地域社会の中で皆が活躍し，自身や生きがい
をもって社会参画を実現していく取り組みとなります。

　現在，地元の財団の助成を受け活動に弾みをつけています。笑壺研にお
いては，上述の計画のように，薬草の説明を行うサイトにリンクを行う
QR コードつきの目印を地域の薬草に紐づけています。各植物や展示に
QR コードを配置し，訪問者がスキャンすることで詳細な植物の情報（名
前，起源，特徴など）を提供します。また，植物の情報だけでなく，開催
されるイベントやワークショップの情報を QR コードを通じて共有でき
ます。

図 6.12　地域の植物を中心に構成された薬草講座の様子

　例えば，河内桃に関しては，図6.13のように地域の歴史や子どもの教育，食育など様々な活動にリンクできます。これらの開発は地元福井高専と福井大学の教員・学生と協力して開発を進めています。

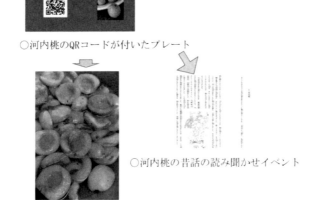

　　　　　　○河内桃のQRコードが付いたプレート

　　　　　　　　　　　　　　　　　　　○河内桃の昔話の読み聞かせイベント

　　　○カワダホールの河内桃のコンポートづくり体験

図6.13　QRコードから地域の河内桃関連の説明や様々な活動にリンク

6.8　まとめ

　伝統工芸地域の事例を中心に，災害や困難があっても，地域を活性化するために観光の視点が重要であること，観光により地域の歴史や文化，教育，健康にスポットを当てることができ，より良い地域づくりができることが理解できたと思います。

　伝統工芸は，地域の歴史や文化と深く結びついています。観光を通じて訪れる人々に伝統工芸の技術や背景を紹介することで，その地域の歴史や文化を守り継ぐことができます。地域住民自身も伝統工芸を再評価し，誇りをもつことができます。伝統工芸を体験として位置づけることで，地域

に観光客を呼び込むことができます。観光客は工芸品を購入したり，工房を訪れたりすることで地域経済を活性化させる一因となります。さらに移住など雇用創出にも有効です。

　伝統工芸を維持・発展させるためには，職人やデザイナーが必要です。観光を通じて需要が生まれれば，これに応じて雇用機会も増加する可能性があります。地域の若者にとっても，伝統工芸が魅力的なキャリア選択肢となり得ます。観光を通じて訪れる人々に，伝統工芸の技術や制作過程を学ぶ機会を提供することができます。工房見学やワークショップなどを通じて，観光客は実際に体験を通じて学び，感じることができます。観光によって地域が注目を浴びることで，地域住民自身の誇りやアイデンティティが高まることも大きなメリットとなります。地域の特産品や伝統工芸が評価されることで，地域全体の活気と連帯感が生まれます。

　さらに，伝統工芸の制作や観光地の散策，QR コードを用いたかわだ薬草園ツアーなどは，体験を通じて健康に良い影響をもたらすことがあります。観光者はリラックスし，地域の自然や文化に触れながら心地よい時間を過ごすことができます。伝統工芸地域が災害や困難に直面しても，観光を通じて新たな可能性を見出し，地域の魅力を再発見することができます。地域住民と観光客が協力してより良い地域づくりや持続可能な発展を実現するために，観光の力を活かすことが重要です。

演習問題

　地域活性化が進んでいる場所や，地域の特色や文化，伝統工芸などの観光資源を調査・理解し，対象地域の選定を行って，その地域の自治体や観光協会，NPO などと協力・連携を図り，地域訪問の機会を設け実際に観光を体験してみましょう。できれば，地域の方と共同で観光プロジェクトやイベントを企画してみましょう（例：鯖江市，河和田地区 [11] など）。

参考文献

[1]　経済産業省：伝統的工芸品に関する法律について.
　　　https://www.meti.go.jp/policy/mono_info_service/mono/nichiyo-densan/
　　　densan/designation.html

[2]　国土交通省都市・地域整備局：漆の里の福井豪雨水害からの復興まちづくり活動調査報

告書.

[3]　河和田アートキャンプ（アートキャンプ×福井県鯖江市）.
https://www.instagram.com/sabae_cross_art/
https://www.facebook.com/profile.php?id=100084523613134
竹田Tキャンプ（アートキャンプ×福井県坂井市）.
https://www.instagram.com/takeda.t.camp/
https://www.facebook.com/takedatcamp
小浜Rキャンプ（アートキャンプ×福井県小浜市）.
https://www.instagram.com/obama.r.camp/
https://www.facebook.com/obamaRcamp

[4]　早稲田大学環境ロドリゲス.
https://www.rodorigues.com/

[5]　RENEW.
https://renew-fukui.com/

[6]　カワダホール.
http://kawada-hall.site/

[7]　笑壺研.
http://etubolab.org/

[8]　NPO法人かわだ夢グリーン.
https://www.facebook.com/kawadayumegreen

[9]　「QRコード」は株式会社デンソーウェーブの登録商標です。

[10]　片山町誌：河和田の昔ばなし.
https://www.city.sabae.fukui.jp/about_city/shiminkyodo/oshirase/kawada
-mukashi.html

[11]　暮らしを紡ぐまち 河和田 / 福井県鯖江市.
https://www.facebook.com/urushikawada

第7章

空港パンフレットの
特徴

7.1　はじめに

　石川県は県庁所在地が金沢市で日本の北陸地方に位置し，人口約 111 万人であり，美しい自然と伝統文化に恵まれ，多くの観光客を魅了しています。しかし，石川県を訪れる日本人の観光客の数は頭打ちとなっており，外国人観光客を増やすことが今後の目標となっています。

　そのためには，外国人観光客が気軽に観光に行けるよう，「言語サービス」を提供する必要があると思われます。この「言語サービス」とは，看板やパンフレット，ホームページなどを多言語で充実させ，外国人観光客の便宜を図ることを指し，外国人観光客増加のキーワードとなるでしょう [1]。

　京都を訪れる外国人の中には，特急で約 2 時間の金沢まで足を延ばす人もいますが，ソウルや上海からの定期便や台湾からのチャーター便を利用して 1 時間以内の小松空港まで訪れる観光客もいます。この小松空港は，金沢市内から車で行けます。また，金沢近郊にある富山空港には大連から定期便が就航しており，富山を訪れる観光客が石川県にも訪れる可能性が高いと思われます。

　本章では，外国人旅行者に対する言語サービスの実態を把握するための一つとして，日本の地方空港である小松空港と富山空港にある英語観光パンフレットを調査し，成田空港，関西空港，中部空港，さらに海外の一例としてサンフランシスコ国際空港のパンフレットとの比較を行います。

7.2　解析方法

　ここで解析した試料は，小松，富山，成田，関西，中部の各空港で入手可能な英語パンフレットです。また，サンフランシスコはアメリカで人気の観光地であるため，海外国際空港としてサンフランシスコ国際空港を例として挙げました。

　これらのパンフレットは，トピックをできる限り統一することに留意して選定しました。

試料 1：*HOKURIKU JAPAN, Fukui, Ishikawa & Toyama, RESORT OF WONDERS AND FASCINATION, Hot spring route blessed with four seasons*, Mar. 2000, Komatsu Airport

試料 2：*TOYAMA – Japan*, Oct. 2007, and *TOYAMA City Guide*, Nov. 2006, Toyama Airport

試料 3：*Tourist Guide, Around Narita International Airport*, May 2008, Narita International Airport

試料 4：*Have a nice day in KANSAI, Visitor's guide*, vol. 5, Feb. 2008, Kansai International Airport

試料 5：*Aichi, Gifu, Mie, Shizuoka, Fukui, Nagoya, ACCESS MAP*, June 2007, Chubu Centrair International Airport

試料 6：*san francisco guide*®, *where to go & what to do*, Aug. 2010, San Francisco International Airport (SFO)

試料 1 は流通の都合上，他の試料より発行が古いものとなっています。

なお，比較のため，日本の中学生用英語教科書（*NEW HORIZON English Course 1, 2, 3*（2010 年，東京書籍株式会社）（以下「中学 1，2，3」という））および，高校生用英語教科書（*UNICORN ENGLISH COURSE I, II, READING*（2010 年，文英堂出版）（以下「HS 1，2，3」という）も解析します。この解析に使用するコンピュータプログラムは C++ で構成されています。試料ごとの文字や単語の出現特性のほか，文数，段落数，平均単語長，1 文当たりの単語数など様々な情報を抽出できます [2]。

7.3　文字の頻度特性

ジップの法則を参考に，文字の出現頻度を調べます。まず，各試料で使用される文字とその頻度を導出します。空白，大文字，小文字，句読点な

ど，頻繁に使用される上位 50 文字の頻度を降順にプロットします。縦軸は頻度の度合いを示し，横軸は文字の出現順序を示します。縦軸は対数で目盛られています。例として，試料 1 の結果を図 7.1 に示します。

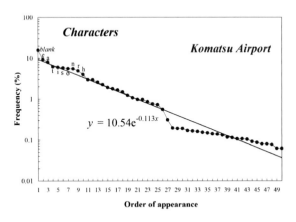

図 7.1　試料 1 における文字出現頻度曲線

　26 位と 27 位の間に頻度の下落幅の違いによる変曲点があり，さらに27 位以降では比較的大きな下落が見られます。この特性曲線を次の指数関数で近似します。

$$y = c \cdot \exp(-bx) \tag{1}$$

この関数から係数 c と b を導き出します [3]。試料 1 の場合，図 7.1 に示すように，$c = 10.54$，$b = 0.113$ という値が得られました。

　各試料から得られた係数 c と b の値の分布を図 7.2 に示します。

　教科書を含む全ての試料について，c と b の間に線形関係が見られます。教科書については，学年が上がるにつれて c と b の値が大きくなっています。全体として見ると，試料 6 が最も低く，HS 3，HS 2，試料 3 の値が高くなっています。観光パンフレット全 6 試料の値は $[y = 0.0096x + 0.0114]$ で近似されます。

　試料 1 と試料 2 の係数 c と b の値は高く，c の値は 10.540 と 10.811，b の値は 0.1130 と 0.1129 です。

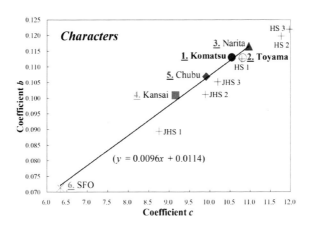

図 7.2　文字頻度曲線の係数 c と b の分布

　以前，さまざまなジャンルの英語の文章を同様に分析したところ，頻度の高い 50 文字について，係数 c と b の間に正の相関があり，試料がジャーナリスティックな内容または技術英文であるほど，c と b の値が小さくなり，文学的であればあるほど，c と b の値は高くなることがわかっています [4]。したがって，サンフランシスコ国際空港の試料はどちらかというとジャーナリズム，技術英文的なものであり，日本の地方空港で入手できる観光パンフレットは，英語の文学作品と同様の傾向があるといえます。

7.4　単語の頻度特性

　次に，各試料で頻繁に使用される単語とその頻度を見てみます。表 7.1 に各試料で使用される単語の上位 20 位を示します。冠詞 THE は，JHS 1 を除く全ての試料で最も頻繁に使用されています。日本の 5 つのパンフレットでは OF が 2 番目に頻繁に使用される単語ですが，試料 6 では AND が 2 番目に頻繁に使用されています。試料 1，2，4 では JHS 1，JHS 2 と同様 CAN の頻度が高く，それぞれ 15 位，12 位，18 位にランクされています。一方，試料 3，4，5，すなわち日本の国際空港で

は JAPAN, JAPANESE の頻度が高くなっています。また，パンフレット全体について，8 位から 20 位には試料 1 の FESTIVAL, VISITORS, TEMPLES, STREET, TRANSIT など観光に関係する名詞が見られます。

表 7.1　各試料の上位 20 位までの出現単語

	1. Komatsu	2. Toyama	3. Narita	4. Kansai	5. Chubu	6. SFO	JHS 1 (Horizon 1)	JHS 2 (Horizon 2)	JHS 3 (Horizon 3)	HS 1 (Unicorn 1)	HS 2 (Unicorn 2)	HS 3 (Unicorn R)
1	the	the	the	the	the	the	I	the	the	the	the	the
2	of	of	of	of	of	and	the	a	a	and	to	and
3	in	and	and	and	and	of	you	I	to	in	and	to
4	and	a	a	in	a	a	is	to	and	of	a	of
5	a	in	to	a	in	to	a	you	you	to	of	a
6	is	to	is	to	is	at	it's	and	in	a	I	in
7	this	is	in	is	this	in	to	in	I	I	in	is
8	to	Toyama	this	for	to	street	we	it	is	was	was	I
9	as	with	as	as	with	is	I'm	is	of	he	for	it
10	are	as	for	with	as	for	do	of	was	they	that	as
11	for	for	are	you	are	on	in	but	it	that	it	that
12	with	can	Japanese	are	for	from	my	we	but	are	we	we
13	from	from	many	on	on	with	have	can	for	it	my	for
14	on	are	that	at	was	San	this	he	are	for	as	on
15	can	at	on	Japan	Japan	or	yes	was	she	is	is	are
16	by	to	visitors	by	an	public	have	have	people	his	on	was
17	festival	on	from	its	city	transit	at	for	this	on	but	with
18	it	it	Narita	can	famous	Francisco	your	are	very	my	had	she
19	has	you	pride	from	from	by	can	on	have	one	she	but
20	which	this	an	temple	hot	map	like	about	my	people	they	have

　文字の場合と同様に，各試料で使用されている上位 50 個の単語の頻度をプロットし，各特性曲線を指数関数で近似しました。係数 c と b の分布を図 7.3 に示します。

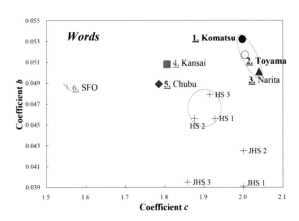

図 7.3　単語頻度曲線の係数 c と b の分布

係数 c については，試料 6 が最も小さく，試料 1, 2, 3 の順に徐々に大きくなっています。この順序は，文字係数 c と一致しており，両者の値の間隔も非常に似ています。一方，係数 b は，試料 1，次に試料 2 の値が大きくなっています。パンフレットの試料はいずれも教科書よりも高い値となっています。また，試料 1，試料 2，試料 3 と，高校用教科書 3 試料の単語出現係数 c と b の値はそれぞれ類似しており，2 つのクラスタとみなせるでしょう。

英文中に使用される単語を特徴づける方法として，Udny Yule という統計学者が 1944 年に「K 特性値」と呼ばれる指標を提案しました [5]。これは，ランダムに選択された単語のペアが同一である確率を測定するもので，文章の語彙の豊富さを表現することができます。彼はこの指標を使って *The Imitation of Christ* の著者の同定を試みました。

この K 値は次のように定義されます。文章の中で x_i 回使用される単語が f_i ある場合，$S_1 = \sum x_i f_i$, $S_2 = \sum x_i^2 f_i$ となり，

$$K = 10^4 \left(S_2/S_1^2 - 1/S_1 \right) \tag{2}$$

となります。

各試料の K 値を調べました。結果を図 7.4 に示します。図によると，日本のパンフレット 5 試料の値は 97.682（試料 3）から 124.897（試料 5）の範囲であり，試料 6 の値（64.349）と比較して高いです。この試料 6 は 12 試料の中で最も低い値です。試料 1, 2 は 118.882, 107.047 と，試料 6 に比べて 54.533, 42.678 高い値となっています。

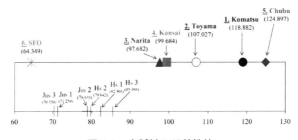

図 7.4　各試料の K 特性値

なお，教科書については，中学校は 70.358〜78.935，高校は 79.643〜85.488 と，前者は後者よりも低くなっています。

試料 6 に比べ試料 1, 2 の K 値が高いという結果は，前述の文字係数 c および単語係数 b の傾向と一致しています。また，高校教科書の K 値が中学校教科書に比べて高いというのは，文字係数 c および b，また単語係数 b の傾向と一致しています。この K 特性値と文字および単語係数との関係については，今後研究する必要があります。

7.5　難易度

読者にとって題材の難易度を示すために，出現単語の種類とその頻度から各試料の難易度を導き出しました[6,7]。つまり，難易度を測定する 2 つのパラメータを使用しました。1 つは単語の種類（D_{ws}）で，もう 1 つは単語の頻度（D_{wn}）です。各パラメータの計算式は次の通りです。

ここで，n_t は単語の総数，n_s は単語種類の総数，n_{rs} は日本の中学校の「必修単語」の語彙，またはアメリカの「基本単語」（*The American Heritage Picture Dictionary* (American Heritage Dictionaries, Houghton Mifflin, 2003) にある単語を「基本単語」とします）の語彙，$n(i)$ は，各必須単語または基本単語のそれぞれの数を意味します。

$$D_{ws} = \left(1 - \frac{n_{rs}}{n_s}\right) \tag{3}$$

$$D_{wn} = \left\{1 - \left(\frac{1}{nt} \cdot \sum n(i)\right)\right\} \tag{4}$$

このようにして，単語の種類と頻度の観点から，（1 から引いているため）各試料に含まれていない必須単語や基本単語がどれだけあるかを計算します。

以上のように求めた D_{ws} と D_{wn} の両方の値は，他の試料と比較してその試料が読者にとってどれだけ難しいかを示し，その試料がどの程度の英語レベルにあるかを示すために計算されました。次に，難易度の判断を容

易にするために，次の主成分分析を使用して D_{ws} と D_{wn} から1つの難易度パラメータを導き出しました。

$$z = a_1 \cdot D_{ws} + a_2 \cdot D_{wn} \tag{5}$$

ここで，a_1 と a_2 は，D_{ws} と D_{wn} を組み合わせるために使用される重みです。分散共分散行列を使用して，必修単語と基礎単語の両方について第一主成分 z を抽出しました：$[z = 0.7071 \cdot D_{ws} + 0.7071 \cdot D_{wn}]$。そして，そこから主成分得点が計算しました。結果を図7.5に示します。

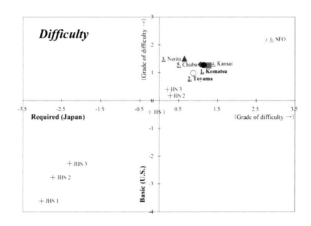

図 7.5　難易度の第一主成分得点

図7.5によると，6つのパンフレットはいずれも教科書よりも難しく，中でも試料6は群を抜いて最も難しいです。必修単語に関しては，日本の5つのパンフレットの中で試料4が最も難しく，試料1（小松空港）は2番目に難しいです。試料1の難易度は試料4と同程度です。試料4，1，5，2，3の順に難易度が低くなります。一方，基礎単語の場合は，試料3が最も難易度が高くなっています。日本の5つのパンフレット試料の中で試料2が最も簡単です。試料5は試料3に次いで難しく，試料1，4とほぼ同程度の難易度です。

このように，試料1は日本の必修単語をもとに計算した場合では難易度が高くなりますが，アメリカの基本単語の場合は北陸地方の地方空港で入

手できる英語のパンフレットの難易度は低いものとなります。それゆえ，アメリカ人にとっては読みやすい試料になっているといえそうです。

7.6　その他の数量的特徴

　各試料のその他の計量特徴を比較しました。「平均語単語長」「一文当たりの単語数」などの結果をまとめて表 7.2 に示します。

表 7.2　各試料の数量的データ

	1. Komatsu	2. Toyama	3. Narita	4. Kansai	5. Chubu	6. SFO	JHS 1 (Horizon 1)	JHS 2 (Horizon 2)	JHS 3 (Horizon 3)	HS 1 (Unicorn 1)	HS 2 (Unicorn 2)	HS3 (Unicorn 3)
Total num. of characters	40,245	25,583	19,372	28,936	10,834	86,046	6,824	14,362	13,387	44,279	67,662	83,289
Total num. of character-type	75	74	71	77	69	79	69	69	71	73	75	76
Total num. of words	6,867	4,309	3,248	4,874	1,699	14,332	1,339	2,876	2,594	8,083	12,264	15,857
Total num. of word-type	1,925	1,423	1,169	1,671	797	3,657	497	799	764	2,059	2,657	3,594
Total num. of sentences	385	252	179	287	101	968	251	394	317	633	890	1,005
Total num. of paragraphs	147	120	54	132	43	199	233	227	177	163	261	260
Mean word length	5.861	5.937	5.964	5.937	5.906	6.004	5.096	4.994	5.161	5.478	5.517	5.568
Words/sentence	17.836	17.099	18.145	16.983	16.822	14.806	5.335	7.299	8.183	12.769	13.780	15.778
Sentences/paragraph	2.619	2.100	3.315	2.174	2.349	4.864	1.077	1.736	1.791	3.883	3.410	3.805
Commas/sentence	0.797	0.861	0.810	0.746	0.950	1.130	0.263	0.225	0.331	0.694	0.801	0.977
Repetition of a word	3.567	3.028	2.778	2.917	2.159	3.919	2.694	3.599	3.395	3.926	4.616	4.412
Freq. of prepositions (%)	15.367	14.202	15.306	15.292	13.954	11.647	9.110	11.788	12.188	14.769	14.810	15.052
Freq. of relatives (%)	1.033	1.414	1.540	0.842	0.472	0.475	1.792	1.392	1.927	1.745	2.421	2.383
Freq. of auxiliaries (%)	0.728	0.974	0.833	0.699	0.530	0.266	0.897	1.530	1.119	0.802	1.215	1.217
Freq. of pers. pronouns (%)	1.545	2.157	1.324	2.610	1.649	1.040	17.476	15.511	10.684	9.324	8.707	8.393

　「前置詞の頻度」「関係詞の頻度」などをカウントしましたが，各単語の意味は確認していませんので，カウントされた単語の一部は他の品詞として使用されている可能性があります。

7.6.1　平均単語長

　まず，「平均単語長」については試料 1 が 5.861 字であり，パンフレット 6 試料の中で最も短くなっています。試料 2 の場合は 5.937 字で試料 4 と同じで 3 番目に長いです。試料 6 の平均語単語長（6.004 字）は，他のどの試料よりも長くなっています。これは試料 6 には，

COLLECTION（出現頻度 10 回）
ENTERTAINMANT（13 回）
FISHERMAN'S（45 回）
NEIGHBORHOOD(S)（15 回）
RESTAURANT(S)（32 回）

WATERFRONT（9回）

のような長い単語が多く使用されているためと思われます。

7.6.2　一文当たりの単語数

　試料1の「一文当たりの単語数」は17.836語，試料2は17.099語です。これらは，全試料中2番目と3番目に長いものです。日本のパンフレット5試料は，いずれも試料6（14.806語）よりも多くなっています。このように，日本の空港にある英語の観光パンフレットは1文当たりの単語数が多いことが特徴であるといえます。試料3（18.145語）が最も多くなっていますが，基礎単語の種類と頻度から求めた難易度の結果を合わせて，試料3はかなり読みにくいと思われます。

7.6.3　関係詞の頻度

　試料2の「関係詞の頻度」は1.414％で2番目に高く，試料1の頻度は1.033％で全パンフレット中4番目に高いです。試料2の頻度は試料3の頻度（1.540％）と同じくらい高くなっています。

　一方，試料5の割合は僅か0.472％であり，全ての試料中最も低いものです。したがって，富山空港や成田空港のパンフレットは，単語の種類や頻度の点に加えて複文を用いた複雑な文章が多く，読みにくいものと思われます。

7.6.4　助動詞の頻度

　助動詞には広い意味で2種類あります。進行形と受動態を構成するBE，疑問文や否定文の完了時制 HAVE，DO など，時制と態を表現するものと，もう1つは，話し手の気分や態度を表す WILL や CAN などの法助動詞と言われるものです[8]。

　本章では，法助動詞のみを対象としました。その結果，助動詞の出現率は，全パンフレット試料中，試料2（0.974％）が最も高く，試料1（0.728％）が3番目に高いのに対し，試料6は0.266％と最も低いものとなっていることが明らかとなりました。

したがって，日本の空港に置かれている英語パンフレットの執筆者は，助動詞を用いて微妙な思いや感情を伝える傾向にあるのに対し，試料 6 の文体は断定的な表現が多いといえるでしょう。

7.7 単語長分布

さらに，各試料の単語長分布を調べました。結果を図 7.6 に示します。横軸は文字数，縦軸はその各頻度を示しています。

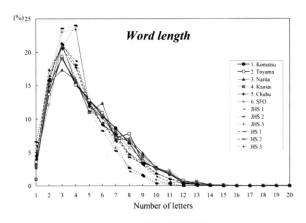

図 7.6 各試料の単語長分布

全てのパンフレット試料について，3 文字の単語の出現頻度が最も高くなっています。3 文字単語の頻度は 17.334%（試料 3）から 21.307%（試料 5）の範囲です。試料 1，2 は他の 10 試料に比べて ENJOY, WATER, WHICH などの 5 文字の出現頻度が高いです。

試料 1 の場合は，4 文字単語以降は頻度が低下しています。一方，試料 2 の場合は，7 文字単語まで頻度は低下していますが，FESTIVAL, GOKAYAMA, VISITORS などの 8 文字単語の頻度が 7 文字の単語よりも 0.604% 高くなっています。

なお，試料 1 と 2 は，8 文字単語については他のパンフレットとほぼ同

程度の頻度となっていますが，9文字以降は他の試料に比べて減少度合い
が若干高いことがわかります。

7.8　各試料のポジショニング

　上記の結果について，相関行列による主成分分析により全試料のポジ
ショニングを行いました。すなわち，文字係数 c，文字係数 b，単語係数
c，単語係数 b，必修単語による難易度主成分得点，基本単語による難易度
主成分得点，K特性値，総文字数，総文字種類数，総単語，総単語種類数，
文数，総段落数，平均単語長，一文当たりの単語数，一段落当たりの文
数，一文当たりのコンマ数，単語の繰り返し使用頻度，前置詞の頻度，関
係詞の頻度，助動詞の頻度，人称代名詞の頻度の22項目を考慮しました。
　図7.7に結果を示します。

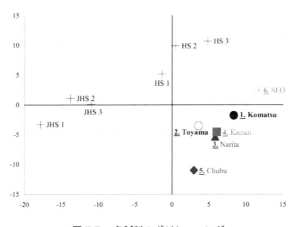

図7.7　各試料のポジショニング

　図7.7では，試料1と2はいずれも試料4の隣にあります。したがっ
て，日本の北陸地方の空港で入手できる英語パンフレットの文体は関西国
際空港のものに近いといえます。

　北陸地方は大阪地区を発着する特急列車の本数が関東・中部地方に比べて非常に多く，また，北陸地方は関西地方の影響をより受けているようです。

　さらに，北陸地方の話し言葉の特徴は関西地方の話し言葉と比較的似ていると思われます。したがって，本章で分析を行った英語パンフレットも関西地域の影響をより多く受けていることは非常に興味深いといえるでしょう。

7.9　まとめ

　北陸地方の地方空港に設置されている英語の観光パンフレットの文字と単語の特徴を，成田国際空港，関西国際空港，中部国際空港，サンフランシスコ国際空港のパンフレットと比較しました。今回の解析では指数関数の近似式を用い，その係数 c, b を用いて各材料の特性を抽出しました。

　また，日本の中学校必修単語とアメリカの基本単語をもとに難易度を算出し，さらに K 特性値を求めました。その結果，北陸の地方空港で置かれている英語パンフレットは，文字の出現特性において文学作品と同様の傾向があることが明らかになりました。また，アメリカの基礎単語を基準とした場合は難易度が低く，さらに K 特性の値は高くなっていることが明らかになりました。

演習問題

1. 言語サービスについて，本章で取り上げたパンフレットの他にどのようなものが考えられますか。

2. 英文の特徴を計量的に表すのに，本章で取り上げた項目以外にどのような項目が考えられますか。

参考文献

[1]　Ban, H. and Oyabu, T.: Feature extraction of the "Tourism English Proficiency Test" using data mining, *Journal of Global Tourism Research*, 4(1), pp.27-34 (2019).

[2]　Ban, H., Kimura, H. and Oyabu, T.: Feature extraction of English guidebooks

for Hokuriku region in Japan, *Journal of Global Tourism Research*, 1(1), pp.71-76 (2016).

[3] Ban, H. and Oyabu, T.: Text Data Mining of English Materials for Environmentology, *International Journal of Business and Economics*, 5(1), pp.21-32 (2013).

[4] Ban, H., Kimura, H. and Oyabu, T.: Text Mining of English Materials for Business Management, *International Journal of Engineering & Technical Research*, 3(8), pp.238-243 (2015).

[5] Yule, G. U.: *The Statistical Study of Literary Vocabulary*, Cambridge University Press (1944).

[6] Ban, H., Oguri, R. and Kimura, H.: Difficulty-Level Classification for English Writings, *Transactions on Machine Learning and Artificial Intelligence*, 3(3), pp.24-32 (2015).

[7] Ban, H., Kimura, H. and Oyabu, T.: Text mining of English articles on the Noto Hanto Earthquake in 2007, *Journal of Global Tourism Research*, 1(2), pp.115-120 (2016).

[8] Ban, H., Kimura, H. and Oyabu, T.: Metrical feature extraction of English books on Tourism, *Journal of Global Tourism Research*, 2(1), pp.67-72 (2017).

第**8**章

口コミと観光

8.1 はじめに

日本における観光の一つとして，「温泉」が考えられます。日本各地に温泉が見られますが，一例として新潟県には，赤倉温泉，越後湯沢温泉，月岡温泉などの温泉が存在します [1]。本章の前半では，これらの温泉がどのような評価を得ているのか，口コミによる調査を行います。

また，2015 年 3 月 14 日，北陸新幹線の長野～金沢間が開業しました。それまで東京～長野間で運行されていた「長野新幹線」が上信越・北陸地方に延伸され，東京から石川県・金沢までを約 2 時間 30 分（新幹線開業前は約 3 時間 45 分）で結ぶようになりました。それまで便宜上「長野新幹線」と呼ばれていましたが，これを機に「北陸新幹線」と改称されました [2]。立山黒部を始めとした大自然が魅力の「富山県」，加賀百万石の歴史都市・金沢が人気の「石川県」へ，首都圏からのアプローチが大幅に向上しました [2]。本章の後半では，北陸新幹線が利用者からどのような評価を得ているのか，調査，検討を行います。

8.2 新潟県の温泉の口コミ

8.2.1 調査方法

調査の対象とした試料は，2019 年 9 月の調査時点でインターネット上の「旅行のクチコミと比較サイト フォートラベル」（http://4travel.jp/）の「新潟の温泉」ランキングとして 40 位まで掲載されているうち，「温泉」の分類表記が附されている表 8.1 に示す 37 の温泉のコメントです [3]。

それぞれの試料に対し，口コミにある「（全体的な）満足度」，さらに，下位項目として「アクセス」，「雰囲気」，「泉質」，「バリアフリー」のそれぞれに対する評価とコメントについて調査を行います。コメントについてはテキストマイニングソフトの TRUSTIA ／ MiningAssistant（ジャストシステム）と Text Mining Studio（NTT データ数理システム）を使用し，解析を行います。

表 8.1 　試料一覧

No.	温泉名	コメント数	地域
1	瀬波温泉	10	新発・白根
2	越後湯沢温泉	19	越後湯沢・十日・南魚
3	燕温泉	22	妙高・関・南
4	鷹巣温泉	10	糸魚川
5	咲花温泉	9	咲花・三川・阿賀野川岡辺
6	栃尾又黄金の湯	12	赤倉・関・南
7	赤倉温泉	14	妙高・関・南
8	かに池湯足湯	10	月岡温泉
9	松之山温泉	9	越後湯沢・十日・松代
10	越後長野温泉	7	奥只見・大湯温泉
11	清津峡温泉（大観温泉郷）	7	奥只見・大湯温泉
12	龍神の湯	9	たいない・みつまた
13	鷹の湯	5	松之山温泉
14	月之岡温泉ｽﾊﾟｰﾄﾞ	6	ナステビュウ湯の山温泉郷
15	獅子の湯	8	越後湯沢・十日・岩原
16	だいろの湯多宝温泉	6	弥彦温泉
17	さくらの湯	6	咲花
18	松榮温泉花水	6	新津・白根
19	ｺﾝﾃﾞﾗ平の湯	6	越後湯沢・十日・岩原
20	竜神の郷	4	十日町・津南
21	まほろば温泉	5	村上・岩船
22	弥彦温泉	4	長岡・方面
23	大湯温泉	3	奥只見・大湯温泉
24	高瀬温泉宝珠の湯	4	高瀬
25	すゞきの湯千年の湯	6	十日町・津南
26	岩倉温泉研究所	6	糸魚川
27	華人の湯	5	月岡温泉
28	岩室温泉	4	長岡・寺泊
29	六日町温泉	3	六日町・南魚
30	聖籠観音の湯さぷーる	4	新発田・新潟市
31	なぷるすけ雪さ ゆぷる	4	上越・直江津
32	上越の湯	4	上越・直江津
33	雪国の湯	3	十日町・津南
34	村杉温泉（大観温泉郷）	3	弥彦温泉
35	加茂美人の湯	2	加茂・五泉
36	足湯らくらの湯ごまく	3	焼山・小岩
37	石打温泉浴場	5	越後湯沢・十日・岩原
	計	251	

8.2.2 　調査結果と考察

まず，「満足度」や「アクセス」などに対する評価について調査を行います。

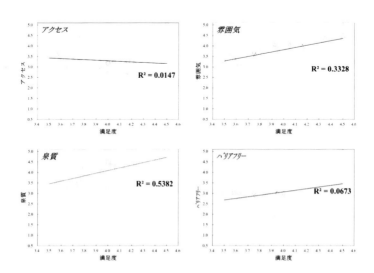

図 8.1 　満足度とアクセス，雰囲気，泉質，バリアフリーとの相関

　これらは，それぞれ 0.5 から 5.0 までの 10 段階で表されます。温泉ごとの各項目の平均値を求め，「満足度」との相関を調べます。結果は図 8.1 の通りです。結果として，相関係数 R（Correlation Coefficient）を求めたところ，「満足度」と「泉質」の相関係数は R = 0.73，続いて「雰囲気」に R = 0.58，「バリアフリー」は R = 0.26 という正の相関，「アクセス」のみ負の相関 R = −0.12 という相関が見られます。

　次に，コメント部分の解析を行います。使用するソフト TRUSTIA からは名詞句，形容詞句，動詞句のそれぞれ上位 50 位までの語句とその頻度のほか，名詞句と形容詞句，名詞句と動詞句の係り受け，それぞれ上位 50 位までとその頻度，また，主題分類結果などが得られるようになっています。一例として，評価数上位の「越後湯沢温泉」（19 件）と「燕温泉」（22 件）の係り受けの結果を表 8.2 に示します。

表 8.2　越後湯沢温泉と燕温泉の係り受けトップ 15

順位	名詞句 - 形容詞句						名詞句 - 動詞句					
	2. 越後湯沢温泉			3. 燕温泉			2. 越後湯沢温泉			3. 燕温泉		
1	お湯	よい	3	泉質	よい	3	雪国	なる	2	湯	入る	4
2	温泉	無色透明	3	坂	急	2	舞台	なる	2	男女別	なる	3
3	湯	よい	2	道	細い	2	中心	広がる	2	駐車場	止める	2
4	アクセス	よい	2	環境	よい	1	たにがわ	減る	2	無料	入れる	2
5	温度	よい	1	雰囲気	よい	1	本数	減る	2	駐車場	停める	2
6	花たっぷり	よい	1	感じ	よい	1	温泉	入れる	2	河原	入る	2
7	評判	よい	1	温泉街	急	1	新幹線	行く	2	駐車場	歩く	2
8	ゆかり	多い	1	乳白色	よい	1	たか	はく	2	惣滝	行く	2
9	スキー場	多い	1	坂道	急	1	1000 円	なる	1	帰り	入る	1
10	気持ち	よい	1	上り坂	急	1	1500 円	なる	1	無料	入る	1
11	場所	多い	1	道	急	1	感じ	なる	1	芯	入る	1
12	地元	多い	1	階段	急	1	7 分	行く	1	10 人	入る	1
13	雰囲気	多い	1	混浴	完全	1	越後湯沢	行く	1	15 分	歩く	1
14	周辺	多い	1	湯	完全	1	温泉町	なる	1	燕温泉	歩く	1
15	湯	無色透明	1	湯船	完全	1	公衆浴場	行く	1	勇気	入る	1

　小説「雪国」の「舞台」となった越後湯沢にある越後湯沢温泉は「新幹線」で「行く」ことができる，「アクセス」が「よい」，「無色透明」の「よ

い」「温度」の「お湯」が「気持ち」「よ」く，「評判」が「よい」温泉であること，一方，燕温泉は「駐車場」に車を「停めて」，「急」な「坂道」を「歩」いて行かなければならない所にあるものの，「雰囲気」がよく，「乳白色」の「泉質」が「よい」温泉であることが窺えます。

　次に，全37温泉の評価数の合計は251件であり，満足度の平均が3.94，標準偏差が0.57であることより，満足度5.0と4.5を高評価（62件），4.0を中評価（102件），3.5以下を低評価（87件）の3グループに分類し，グループごとの特徴を抽出します。高評価と低評価グループの名詞句，形容詞句，動詞句のそれぞれ上位15位までの語句を表8.3に示します。

表8.3　温泉全体の語句トップ15

順位	名詞句		名詞句		形容詞句		形容詞句		動詞句		動詞句	
	高評価		低評価		高評価		低評価		高評価		低評価	
1	湯	98	湯	77	良い	18	近い	20	ある	114	ある	186
2	温泉	43	温泉	57	いい	9	ない	18	なる	31	なる	40
3	露天風呂	29	感じ	24	ない	8	広い	18	行く	28	する	33
4	風呂	15	露天風呂	24	多い	7	良い	16	入る	28	入る	24
5	道	13	駅	22	よい	5	多い	12	する	23	思う	19
6	駐車場	12	温泉街	21	素晴らしい	5	いい	12	歩く	19	行く	17
7	山道	12	山	16	小さい	4	小さい	11	できる	16	利用する	16
8	黄金	12	泉質	16	近い	4	非常だ	8	思う	14	入れる	15
9	湯船	12	駐車場	15	男女別	4	大きい	7	利用する	11	できる	15
10	車	11	建物	14	広い	4	よい	6	いる	8	感じる	12
11	源泉	11	共同浴場	14	強い	3	熱い	6	来る	8	出る	12
12	雰囲気	10	風呂	14	有名だ	3	古い	4	言う	8	歩く	10
13	足湯	10	足湯	13	美味しい	3	早い	4	登る	7	立ち寄る	7
14	露店	10	源泉	13	大きい	3	便利だ	4	入れる	7	楽しめる	7
15	宿	10	施設	12	きれいだ	3	寒い	4	楽しめる	6	見る	7

　高評価では「雰囲気」，低評価では「泉質」が名詞句の上位に見られます。動詞句で両グループともに「楽しめる」が見られますが，形容詞句では，高評価で「良い」が1位，また，「素晴らしい」，「美味しい」，「きれいだ」が上位に見られますが，低評価では「良い」は4位となっているほか，「古い」，「寒い」といった否定的なニュアンスをもつ語が使用されて

いることが窺えます。

　係り受けの結果を表 8.4 に示します。「雰囲気」が「よい」こと，「露天風呂」に「入れる」こと，「お湯」が「トロッと」した「とろみ」があり，「温度」も「よ」く，「気持ち」「よい」と高評価を得ている一方，「泉質」が「ナトリウムカルシウム塩化物温泉」で「あっさりし」ている「お湯」は「よい」ものの，「施設」が「古」く，「浴場」が「小さい」ことが低評価となっていることがわかります。また，「香り」が「漂う」温泉は高評価，「匂い」が「する」温泉は低評価となっています。

表 8.4　温泉全体の係り受けトップ 15

順位	名詞句 - 形容詞句						名詞句 - 動詞句					
	高評価			低評価			高評価			低評価		
1	雰囲気	よい	3	駐車場	広い	5	温泉	行く	3	気分	なる	3
2	湯	透明	3	湯	よい	3	駐車場	歩く	3	人	利用	3
3	お湯	よい	2	肌	ツルツル	3	湯	ぬる	3	湯	入る	3
4	お湯	無色透明	2	お湯	無色透明	3	香り	漂う	3	匂い	する	3
5	温泉	近い	2	お湯	よい	3	無料	入れる	3	足湯	楽しむ	3
6	お湯	トロっとする	2	地元	多い	3	男女別	なる	3	男女別	なる	2
7	温泉	好き	2	駅	近い	3	館内着	利用	2	機会	行く	2
8	道	細い	2	施設	古い	2	燕温泉	歩く	2	温泉	入る	2
9	とろみ	よい	1	泉質	よい	2	山道	歩く	2	浴室	入る	2
10	感じ	よい	1	浴場	小さい	2	山道	走る	2	汗	流す	2
11	レストラン	よい	1	泉質	あっさりする	2	勇気	いる	2	雪国	出る	2
12	温泉	よい	1	源泉	熱い	2	15分	歩く	2	山	見える	2
13	温度	よい	1	ナトリウムカルシウム塩化物温泉	あっさりする	2	露天風呂	入れる	2	温泉街	通る	2
14	居心地	よい	1	お風呂	広い	2	お湯	かける	2	疲れ	癒す	2
15	気持ち	よい	1	坂	急	2	硫黄泉	白濁	2	日帰り入浴	利用	2

　次に Text Mining Studio を用いて，グループごとに「名詞」と「形容詞・形容動詞・動詞」のことばネットワークを作成します。高評価と低評価グループの結果を図 8.2 に示します。両グループとも，「温泉」や「湯」と共起している語句が多いことがわかります。さらに，高評価では「露天風呂」との共起も多いという特徴が見受けられます。

高評価　　　　　　　　　　　　低評価

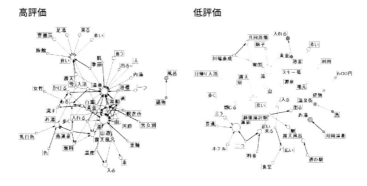

図 8.2　温泉全体のことばネットワーク

8.3　北陸新幹線の口コミ

8.3.1　調査方法

　調査の対象とした試料は，2018 年 2 月の調査時点で，温泉の場合と同じく「旅行のクチコミと比較サイト フォートラベル」に寄せられた北陸新幹線に対するクチコミ全 154 件です [4]。

　なお，比較のため，2016 年 3 月 26 日に開業した北海道新幹線のクチコミ全 44 件についても調査を行います。

　各クチコミにある「（全体的な）満足度」，さらに下位評価項目の「乗り場へのアクセス」，「人混みの少なさ」，「コストパフォーマンス」，「車窓」，「バリアフリー」に対する評価と全体的なコメントについて検討を行います。コメント部分の解析については，温泉の場合と同じく TRUSTIA ／ MiningAssistant と，社会情報サービスのトレンドサーチ 2015 のソフトを使用します。

8.3.2　調査結果と考察

　まず，新幹線に対する「（全体的な）満足度」の結果を，表 8.5 に示します。

表 8.5　新幹線に対する全体的な満足度

	満足度	1.0	1.5	2.0	2.5	3.0	3.5	4.0	4.5	5.0	合計
北陸	評価数				1	13	28	74	15	23	154
	(%)				0.6	8.4	18.2	48.1	9.7	14.9	100.0
北海道	評価数	2		1		3	4	23	6	5	44
	(%)	4.5		2.3		6.8	9.1	52.3	13.6	11.4	100.0

　「満足度」については，1 から 5 までの 5 段階で表され，5 が最も評価が高くなっています。結果として，北陸新幹線は平均 4.01，標準偏差 0.56，北海道新幹線は平均 3.89，標準偏差 0.85 であり，北陸の方が平均が 0.12 高くなっています。4.0 以上の評価は北陸が 72.7%，北海道が 77.3% と北海道の方が 4.6% 多いものの，北海道では 1.0～2.0 の評価が 6.8% あり，結果的に北陸の方の平均が高くなっているものと思われます。

　「満足度」の 1.0～3.5 を低評価，4.0 を中評価，4.5～5.0 を高評価の各グループとみなし，グループごとの「乗り場へのアクセス」，「人混みの少なさ」などの各項目について，5 段階評価の平均を求めました。その結果を表 8.6 と表 8.7 に示します。

表 8.6　北陸新幹線に対する満足度と評価

全体的満足度	評価数	乗り場への アクセス	人混みの 少なさ	コスト パフォーマンス	車窓	バリア フリー
4.5～5.0	38	4.28	3.97	3.63	3.67	4.25
4.0	74	4.33	3.69	3.47	3.42	3.91
1.0～3.5	42	3.50	3.10	2.95	3.02	3.42
全 体	154	4.13	3.60	3.39	3.40	3.88

表 8.7　北海道新幹線に対する満足度と評価

全体的満足度	評価数	乗り場への アクセス	人混みの 少なさ	コスト パフォーマンス	車窓	バリア フリー
4.5～5.0	11	3.89	4.11	3.28	3.45	3.88
4.0	23	4.05	4.00	2.95	2.95	3.83
1.0～3.5	10	3.33	3.80	2.17	2.14	3.80
全 体	44	3.89	4.00	2.90	2.93	3.84

　なお，「（全体的な）満足度」と異なり，各項目の評価がなされていないケースがいくらか見受けられ，表中の値はそれらを除外して求めたものです。

　北陸新幹線の場合，いずれのグループでも「乗り場へのアクセス」の評価が最も高くなっています。北海道新幹線と同様「コストパフォーマンス」，「車窓」の評価が低くなっていますが，北陸では低評価の「コストパフォーマンス」のみが 3.0 未満であるのに対し，北海道では中評価・低評価の両項目が 3.0 未満と，より低い評価がされていることが窺えます。

　次に，TRUSTIA を用いて，コメント部分の解析を行います。先述の評価グループごとに語句の出現頻度を求めます。結果として北陸新幹線へのコメントについて，名詞句では高評価の場合，「シート」，「乗り心地」，「揺れ」，「車窓」，低評価の場合，「自由席」，「窓側」，「満席」の頻度が高くなっています。また，形容詞句では，「新しい」，「快適だ」，「綺麗だ」といったポジティブな語句がいずれの評価グループでも上位にある一方，低評価で「微妙だ」，「遅い」，「不便だ」といった語句の頻度も高いという特徴が見受けられます。北海道新幹線の場合も同様に，低評価では「不便だ」，「恐ろしい」，「真っ暗だ」のようなネガティブな語句が上位に見られます。

表 8.8　名詞句と形容詞句の係り受けトップ 20

| | 北 陸 新 幹 線 | | | | | | | | | 北海道新幹線 | | |
| | 〈高 評 価〉 (N=38) | | | 〈中 評 価〉 (N=74) | | | 〈低 評 価〉 (N=42) | | | 〈全 評 価〉 (N=44) | | |
	名詞句	形容詞句	頻度	名詞句	形容詞句	頻度	名詞句	形容詞句	頻度	名詞句	形容詞句	頻度
1	トンネル	多い	5	トンネル	多い	7	トンネル	多い	3	トンネル	多い	2
2	新幹線	新しい	3	利用	多い	5	車内	きれい	2	座席	快適	2
3	乗り心地	よい	2	金沢	近い	5	本数	少ない	3	料金	高い	2
4	座席	ゆたかでも	2	注意	必要	3	乗車率	高い	2	アクセス	よい	1
5	金沢	快適	2	指定都時会指	必要	3	車内	新しい	2	コンセント	よい	1
6	金沢	行きやすい	2	席	広い	3	座席	快適	2	コンセント	高い	1
7	車席	よい	1	話	ただり面	2	料金	高い	2	コンセント	らい	1
8	デザイン	よい	1	停車駅	少ない	2	時間	かなり	2	シート	よい	1
9	風景	よい	1	間隔	広い	2	早め	必要	2	スマホ	多い	1
10	了素	よい	1	荷物	大きい	2	コストパフォ	よい	1	チケット	安い	1
11	車体	よい	1	パフォーマ	高い	2	景色	よい	1	カフ	簡単	1
12	景色	多い	1	料金	高い	2	乗り心地	通適	1	トイレ	らい	1
13	驚き	よい	1	旅	快適	2	お天気	よい	1	バーミスト	快適	1
14	山間部	よい	1	値	とく	2	関西方面	多い	1	開閉	簡単	1
15	指定席	多い	1	お末	とく	2	アクセス	らい	1	開閉	簡単	1
16	サービス	よい	1	移動	快適	2	スマホ	多い	1	直し	概知	1
17	団体客	多い	1	車内	きれい	2	気分	よい	1	間隔	快適	1
18	北陸新幹線	多い	1	自由席	十分	2	富山	多い	1	間隔	快適	1
19	乗り心地	よい	1	揺れ	少ない	1	平日	らい	1	間隔	よい	1
20	2時間	快適	1	乗車率	高い	1	景色的	多い	1	気分	よい	1

表 8.9　名詞句と動詞句の係り受けトップ 20

| | 北陸新幹線 | | | | | | | | | 北海道新幹線 | | |
| | 〈高評価〉(N=38) | | | 〈中評価〉(N=74) | | | 〈低評価〉(N=42) | | | 〈全評価〉(N=44) | | |
順位	名詞句	動詞句	頻度	名詞句	動詞句	頻度	名詞句	動詞句	頻度	名詞句	動詞句	頻度
1	たか	はく	6	jr	結ぶ	26	たか	はく	8	一部	除く	24
2	北陸新幹線	乗る	3	金沢	結ぶ	26	金沢	行く	3	東北新幹線	除く	12
3	金沢	乗り換え	3	たか	はく	19	東京	行く	3	列車	除く	12
4	日本海	見る	2	富山	結ぶ	13	新幹線	乗る	3	列車種別	除く	12
5	お弁当	食べる	2	新幹線車両	使用	12	富山	行く	2	ハヤブサ	運転	12
6	輝き	乗る	2	編成	使用	9	北陸	行く	2	jr北海道	結ぶ	12
7	北陸新幹線	乗車	2	富山	移動	8	自由席	座る	2	新青森	結ぶ	12
8	北陸	行く	2	金沢	行く	7	窓側	座る	2	新函館北斗	結ぶ	12
9	余裕	持つ	2	指定席	なる	6	東京駅	乗車	2	北海道新幹線	乗る	7
10	時間	使う	2	指定席	予約	6	長野新幹線	無くなる	2	青函トンネル	入る	6
11	シート	倒す	2	長野間	運転	6	日帰り	行く	2	新函館北斗	利用	6
12	席	座る	2	長野	利用	5	輝き	乗る	2	仙台	利用	5
13	金沢	行く	2	7系	使用	5	切符	買う	2	新幹線車両	使用	4
14	チケット	買う	2	指定席	利用	4	窓側	乗る	2	人	移動	3
15	2席	乗る	1	満席	なる	4	金沢	利用	2	新函館北斗	行く	3
16	前後	乗る	1	富山間	運転	4	時間	短縮	2	仙台	行く	3
17	大宮	乗る	1	大宮	利用	4	金沢	乗る	2	運行	開始	3
18	たか	乗る	1	輝き	はく	4	観光客	増える	2	人	乗る	3
19	臨時	乗る	1	富山	利用	3	携帯	つながる	2	景色	ましな	3
20	サンダーバード	乗る	1	車窓	楽しむ	3	時間	かかる	2	2016年3月26日	開始	

　表 8.8 と表 8.9 は名詞句と形容詞句，名詞句と動詞句の係り受けそれぞれ上位 20 位までの結果を示しています。表より，北陸新幹線について，「トンネル」が「多」く，「携帯」が「つながらない」ことが窺えます。

　また，「本数」が「少な」く，「料金」が「高い」ものの，「金沢」に「行きやす」くなった「新幹線」の「車内」は「新し」く，「きれい」であり，「座席」も「広く」，「座り心地」が「よ」く，「快適」であると思われていることが窺えます。

　続いて，トレンドサーチ 2015 を使用します。重要キーワードを抽出し，意味のあるまとまりとして，平面上にダイナミックにマッピングするコンセプトマッパー機能を用いて，重要キーワードマップを作成します。その結果を図 8.3 に示します。

　この図からも，「北陸」「新幹線」は「東京」と「富山」，「金沢」を結び，「あたらし」く，「奇麗」であり，「シート」が「広」く，また，「コンセント」もあり「快適」であるが，「トンネル」が「多」いことが窺えます。

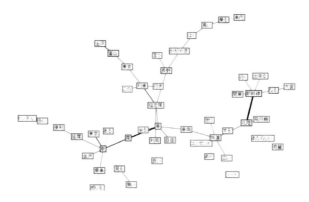

図 8.3　北陸新幹線の重要キーワードマップ

8.4　まとめ

　フォートラベルの口コミにより，新潟県にある温泉の評価と北陸新幹線の評価を検討しました。日本のその他の温泉がどのような評価がなされているのか，また，今後さらに福井へと延長する北陸新幹線がどのような評価がなされるのか興味深いところです。

演習問題
1. 観光に関わる口コミについて，本章で取り上げた以外にどのようなものがありますか。
2. 本章では北陸新幹線と開業日が近い北海道新幹線の比較を行いましたが，あなたならばどの新幹線との比較を行ってみたいですか。その理由は何ですか。

参考文献
[1]　平原聖子編：『るるぶ新潟 佐渡 '20（るるぶ情報版 中部 4）』，JTB パブリッシング（2019）.

[2]　東武トップツアーズ：「北陸新幹線について｜北陸新幹線特集｜たびすき」.

[3]　フォートラベル：新潟県の温泉 ランキング.
　　 https://4travel.jp/domestic/area/koushinetsu/niigata/onsen

[4]　フォートラベル：北陸新幹線 クチコミガイド.
http://4travel.jp/domestic/area/hokuriku/ishikawa/kanazawa/kanazawa
shinai/norimono/11374969-tips/?page=1

第 9 章

観光DXのための
データサイエンス基礎

9.1　はじめに

　「DX（デジタルトランスフォーメーション）」とは，2004 年にスウェーデンのエリック・ストルターマンが考案した言葉で，ストルターマンは，「IT（情報技術）の浸透が，人々の生活をあらゆる面で良い方向に変化させる」と考えました。トランスフォーメーションとは，英語で「変化・変形・変容」を表す意味をもつため，「デジタル化により社会や生活の形・スタイルが変わること」という意味になります。経済産業省では「産業界におけるデジタルトランスフォーメーションの推進」について，様々な施策を展開しています。

　近年，この DX が観光業界においても非常に重要な位置を占めるようになってきました。現在の観光者は情報をリアルタイムで入手したり，予約を簡単に行ったり，自分の興味やニーズに合った体験を求めているため，DX を通じて集められたデータを活用することで，観光者のニーズを正確に把握しマーケティング戦略に活かせます。また，コロナのような大規模な脅威が発生したときに，DX を取り入れた観光地や施設は感染リスクを低減させるための管理ができるなど安全性の面からも重要視されています。本章では，観光 DX 技術について解説し，観光 DX における技術や手法をいくつかわかりやすく説明します。

9.2　観光 DX 技術

　観光 DX は，デジタル技術を活用し観光者が満足できる地域固有の観光コンテンツを創出し，その価値をさらに磨き展開することといえます。観光 DX により地域の観光資源を最大限に生かすことができ，新規の観光者の訪問を促進していきます。このとき，SNS や Web サイトで魅力を伝えるプロモーションを利活用するのは当然であり，新たな観光者が訪れる端緒に繋がります。観光庁は，「観光 DX 推進のあり方に関する検討会」での議論を踏まえ次の 4 つの項目に観光 DX 推進に関する検討を行ってきました。

① 旅行者の利便性向上・周遊促進
② 観光産業の生産性向上
③ 観光地経営の高度化
④ 観光デジタル人材の育成・活用

デジタル技術を活用するには先端技術である第5世代移動通信システム（5th Generation mobile communication system，通称5G）や，IoT（Internet of Things），人工知能（AI：Artificial Intelligence）の概要をある程度把握しておかなければ，有効な活用を推進していくことはできません。また，デジタル技術は日進月歩が著しく常に革新があり，その動向に興味をもって注視しておく必要があります。

9.2.1　5G

第5世代移動通信システムは通称「5G」と呼ばれ，次の3項目が特徴となります。

　「高速大容量」，「多数同時接続」，「超低遅延」

スマートフォンも，5Gが主流となっています。5Gをさらに進化させた「6G」（5Gの10倍以上の速度）の実用化も検討されています。6Gは「Beyond 5G」とも呼ばれ，今後の日本の新たな情報化に積極的に関与していくものです。

5G以前の4Gの通信速度は速くて1Gbps（Giga bit per second，1秒間に10^9ビットの情報を送る速度）未満でしたが，5Gではその10倍以上の速度となります。この速度は，スマートフォンからデータを送信（“上り”といわれます）する場合と受信（“下り”）する場合では速度が異なります。映画などをダウンロード（下り）するとき，4Gでは10分前後かかっていた時間が，5Gでは数秒しか掛からず先に述べた3つの特徴を満たします。

スポーツイベントなどにおいて，多くの同時接続も可能となり多面的な観戦が可能となります。特に，訪問者の多いイベントでの活用が求められています。

9.2.2　IoT

　IoT（Internet of Things）は "モノのインターネット" と訳されており，様々なモノがインターネットに接続され，モノ自体の状態や収集した情報などがインターネットを経由し，各種機器と情報交換することにより相互に制御するメカニズムといえます。人間の身近なモノも対象となり，政府が進めている Society 5.0 にも適合するものです。

　Society 5.0 は，デジタル技術を駆使し人間中心の社会（Society）を構成します。人間中心の社会とは「人々が快適で活力に満ちた質の高い生活を送る」社会です。人々には，住民のみならず訪問者（観光者）を含む全ての人間を意味します。

　近年，地球温暖化の進行が著しく豪雨や洪水など自然災害が想定を超える頻度で発生し甚大な被害を与えています。河川が氾濫したときの危険度の把握や避難経路など策定するときは，モノとして考える河川のこれまでの雨量や現在の水位を検知するセンサ（Sensor）やライブカメラ，衛星からの情報により危険地域や危険度を特定し，インターネットにより安全な経路や避難場所の提供が行われます。住民や観光者はスマートフォンなどにより，これらの最新情報を入手でき，多言語にも対応し外国人に提供できると貢献度が大です。これも IoT の一つです。

　このような検討を重ね，人に優しいシステムを提供していくことにより，人間中心の社会を構築できます。

9.2.3　人工知能と生成 AI

　人工知能は AI とも呼ばれ，人間社会に広く浸透してきています。もちろん，産業界も生産性向上のために応用していますが，日本の応用レベルは高くはありません。それだけ潜在能力があるともいえます。これから AI を駆使できない企業は経営活動を遂行することは不可能とまでいわれるほど非常に重要な技術といえます。AI とは，言語を理解し目的とする解答を推論し，さらに人間に代わって問題解決などの知的行動や創作をコンピュータに行わせる技術といえます。将来，人間の多くの仕事を AI が担っていくといわれており，導入に反対する人もいます。

　最近，生成 AI（Generate AI）が教育分野も含め脚光を浴びています。これは，AI が学習してきたデータをもとに新たにコンテンツを生成するものです。2022 年から驚異的に注目されました。多くの創作活動にも活用されつつあります。生成 AI の基本的機能として「テキスト生成」，「画像生成」，「動画生成」，「音声生成」があり，将来，人間が創造するアイデアまでも生成でき，人間の多くの機能を代替する可能性を秘めています。

　論文執筆などを生成 AI に行わせ，知的財産権を侵害し，社会問題化してもいます。近年，生成 AI として脚光を浴びているものとして"ChatGPT" があります。これは，2022 年 11 月に米国の人工知能開発会社である OpenAI が公開したチャットボット（Chatbot：人工知能による自動会話プログラム）です。GPT（Generative Pre-trained Transformer）とは，人間と同様な自然言語で文章を生成できる言語モデルで，直訳すると生成可能な事前学習された変換器となります。生成 AI は AI 自身が解答を探索し学習していく"ディープラーニング"（Deep Learning, 深層学習）を活用して形成された機械学習モデルです。

　観光産業に ChatGPT など生成 AI を積極的に導入し，「労働生産性」や「おもてなし」を向上していく必要があります。ホテルのフロント業務における滞在者対応の多くの部分を ChatGPT ができると考えられています。例えば，訪問者の思考や行動に整合し，当日の天候を予測し利用者に合致した訪問先やルートを構成することも可能です。その内容を発地国・地域を問わず多言語で伝えることもできます。

　ただ，ChatGPT の長所と短所を十分に把握し，リスクへの備えを怠らないことが必須です。また，誤った情報を提供する可能性もあり，該当する担当者のチェック体制も必要となります。さらに，ライブカメラがある目的地であれば現況の景色なども織り交ぜ訪問地の仮想体験も可能となります。生成 AI の活用は広範囲に及び多くの特徴を有しています。

9.2.4　ゲーミフィケーション

　ゲーミフィケーション（Gamification）とは，コンピュータゲームのデザイン要素や原則をゲーム以外の物事に応用することといえます [1]。具体的には，ゲームのデザイン要素を用いてウェブサイトやアプリを使用

している時間や企業の生産性，従業員の能力，その評価を向上させるために用いられています [2]。すなわち，ゲーム感覚で楽しみながら観光も含め物事の参加意識を高め促進します。そのデザインには次の 6 つの要素があります [3]。これらの要素を順次回すことによりモチベーションの向上を図ります。

① 能動的な参加
② 達成可能な目標設定
③ 独自性の歓迎
④ 即時のフィードバック設計
⑤ 称賛を演出
⑥ 成長の可視化

観光分野での応用として，ある地域の様々な観光資源を訪問する（してほしい）場合，訪れた資源（目的地）ごとにポイントを付加し，ポイントにより無料体験券や地元のスイーツ交換券を付与し訪問意識を向上させるなどの応用が考えられます。また，その地域内での歩数によりランクづけされたバッジを与える（ソフト的にでもよい）などもゲーミフィケーション例となります。いずれにしてもゲームデザインとユーザーに整合した報酬（Reward）が要となります。

観光 DX として，3 つの基本的技術と観光産業に導入が見込まれるゲーミフィケーションについて述べました。これらの技術を活用して地域固有の戦略を構築し，生産性向上を図るとともに「おもてなし力」を高めていく必要があります。少なくとも「地域の情報発信」，「人流データの把握・解析」，「スマートフォン決済」は，喫緊に導入していく必要があります。地域の情報発信は Web ページを構築するのが従来の方法ですが，SNS による影響力のあるインフルエンサー（Influencer）の活用も目的によっては効果大です。

人流データは，収集するにしても購入するにしても，財源が必要となります。それを宿泊税や入湯税で賄うのかなど方策を決める必要があります。常に財源を意識して持続的な策を提案していくことが肝要です。スマートフォン決済については，中国のアリペイが中心となり国際決済シス

テムが構築されつつあります。このシステムには，アリペイ（中国），カカオペイ（韓国），PayPay（日本）を含めタイ，マレーシア，フィリピンが参加予定で総利用者数は10億人にも達し，有効な決済システムになる可能性があります。地域がグローバル化を目指すなら，決済システムもグローバル化が必要となります。

　データに基づき現状を把握し将来を見据え，AIを含むICT（情報通信技術）を駆使していくことが要諦となります。観光DXを意識しながら地域の観光を熟知し，DXに精通したスペシャリストの育成が切に求められています。本章では，観光DXに必要不可欠な情報技術やデータサイエンスの基礎について述べていきます。

9.3　AIを使って便利に観光

　AI技術の進化により，観光分野も多くの恩恵を受けています。AIを活用した観光のアプローチにおけるメリットについて考えていきます。

　まず，AIアプリの活用について，国外観光においてはリアルタイム翻訳アプリが大変便利です。言語のバリアを超えるツールとして多言語に対応しているため，今日，どの国を訪問してもITネットワークに繋がる環境にあれば，言語の壁は以前に比べて非常低くなっています。スマートフォンにアプリをインストールしたり，「ポケトーク」などのAI翻訳機を使ったりすることで非常に便利に観光ができます。また，音声認識機能によりリアルタイムで会話ができます。このようなAIアプリは観光の出発前から語学学習で使用することも多く，様々な活用の方法があります。

　また，カーナビやマップによるAIを用いた動的ルート計算による，自動ルートガイド機能は，初めての土地でも迷わずに目的地に到着できるため，非常に優れたツールです。AIによる混在予測ができるものもあり，観光スポットの混雑具合を予測しながら，タイムパフォーマンス良く観光ができます。他にも，観光地の旅程の検索等を頻繁に行うことで，AIが観光者の過去の興味や行動を分析し，個別の観光スポットや活動を提案するなど，個別最適化された推薦機能が備わっているサイトもあります。

　ここで，AI アプリの安全利用について，AI は観光者のデータを集めることが多いため，プライバシー，個人情報の問題が浮上します。適切なデータの取り扱いと保護者が必要です。Cookie（クッキー）の設定などに気をつける必要があります。Cookie は，Web サイトからスマートフォンや PC 内のブラウザに保存される情報のことです。そこにはサイトを訪れた日時や訪問回数など，さまざまな内容が記録されています。Cookie を使えば閲覧の履歴や観光者の関心や話題などを Web サイト側が知ることができるので，マーケティングの解析にも大いに使われています。

　Cookie の使用は，特に，第三者の Cookie やトラッキング Cookie は，観光者が異なるウェブサイトを訪れる際の活動を追跡するために使用されることがあります。このような追跡情報は，ターゲティング広告などのマーケティング活動に使用されることが一般的です。これに対応して多くのブラウザは Cookie の設定や管理の機能を提供しており，観光者はこれを利用してプライバシーを保護することができます。

　また，間違った情報が入力されていることもあるため，観光者に混乱をもたらす可能性があります。データの正確性を確かめる必要があります。AI が提供する情報や推薦に依存しすぎると，偏った考えに陥ってしまう危険性もあります。AI 自体が，偏った考えや予測をする現象をバイアスといいます。特に，機械学習モデルがトレーニングデータに含まれる偏りを学習すると，そのバイアスは出力にも反映されることがあります。このようなバイアスが存在すると，AI は公平でない結果を提供する可能性があります。例えば，特定の人種や社会的背景に対するデータが不足している場合，AI モデルはそのグループに関する適切な予測や判断ができなくなることがあります。また，過去の偏見や不公平な情報がトレーニングデータに含まれると AI もそれを学習してしまいます。

　AI の進化により，観光体験はさらに豊かで便利になりつつありますが，その利便性を受ける一方で，安全性の観点からの課題も増えています。AI だけでなく，事前に人に聞くなどのヒアリング調査を行ったり，政府のサイトを参考にするなど信ぴょう性の高い情報にアクセスしたり，多様な方法の 1 つとして AI の適切利用を行うことで，観光の新たな可能

性を最大限に活かせる人にとって非常に有益なツールとなります。

9.4　Python で観光データの収集・分析

9.4.1　Python 実行環境

　Python を利用するためには，Python の実行環境が必要です。いくつか利用環境がありますが，Google Colaboratory（通称 Colab）について説明します。

　Google Colab は，ブラウザから Python を実行できるサービスです（GPU や TPU などのハードウェアリソースも提供されており，データサイエンスや機械学習のプロジェクトに便利です）。

　Google アカウントをもっていれば無料で利用できます。以下に，Google Colab を使用する基本的な手順を説明します。

(1)Google アカウントでログイン

　Google Colab を使用するためには，Google アカウントが必要です。Google アカウントにログインしていない場合は，まずログインします（図 9.1）。

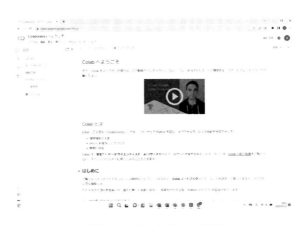

図 9.1　Google Colab 画面

165

(2) 新しいノートブックの作成

　Google Colab を開いたら，左上の「ファイル」メニューから「ノートブックを新規作成」を選択します。

　図 9.2 のように新しいノートブックが作成されます。

図 9.2　新しいノートブックの作成

(3) コードの入力

　ノートブックのセル（図 9.2）にコードを入力します。セルはコードを含むブロックであり，セルごとにコードを実行できます。セルを選択してクリックするか，セル内で Shift+Enter を押すことでコードを実行できます。

(4) コードの実行

　セル内のコードを実行するには，セルを選択してから Shift+Enter キーを押すか，セル上部にある再生ボタン（三角形のアイコン）をクリックします。コードが実行され，結果がセルの下に表示されます。

演習 1　Code セルを選択し 365/7 と入力して実行してください。

　52.142857142857146 と表示されます。

　これは，「365÷7 を計算しなさい」を意味する Python のコードです。

図 9.3　Code セル

次に，365/12 と入力してみてください。
図 9.4 のように 30.416666666666668 と表示されます。

図 9.4　コードセルの操作方法

　セルの左端は [2] となります。[ ] の中には番号が入り，Code セルが実行されるたびに 1 ずつ増えます。

(5) コードとテキストを組み合わせる

　ノートブックは，コードセルとテキストセルを組み合わせて使うことができます。テキストセルでは，Markdown 形式でテキストやドキュメンテーションを記述できます。新しいセルを作成するには，「挿入」メニューからセルのタイプ（コードセルまたはテキストセル）を選択します。図 9.5 のようにテキストセルが表示されます。

図 9.5　テキストセル

　テキストセルを追加して，セルをダブルクリックすると図 9.6 のような入力欄が表示されます。

167

図 9.6　テキストセルの操作方法

(6) ファイルのアップロードとダウンロード

ノートブック上でファイルをアップロードしたり，作業結果をダウンロードしたりすることもできます。ノートブックの左側にあるファイルアイコンを使用して，ファイルをアップロード / ダウンロードできます。

他にもプロジェクトに合わせて，さまざまな機能を活用して効果的なコーディングとデータ分析を行うことができます。特に観光情報処理を行う場合は，統計データなどの表データを使うことが多いので，表データを簡単に扱えるライブラリを使うと便利です。

Pandas という便利なライブラリがあるので，Pandas を使用する手順について説明します。

9.4.2　Google Colab で Pandas を使用する手順

(1) 新しいノートブックの作成

Google Colab にログインし，新しいノートブックを作成します。

(2)Pandas のインポート

図 9.7 のようにノートブックの最初のセルに

```
import pandas as pd
```

と入力し，Pandas ライブラリをインポートします。

図 9.7　Pandas のインポート

(3) データの読み込み

Pandas を使用してデータを読み込むには，pd.read_ で始まる関数を使用します。

例えば，図 9.8 のような CSV ファイルからデータを読み込む場合は，以下のようになります。

図 9.8　CSV ファイル

ここでファイルは，Google Colab でファイルを読み込ませるためには，Google ドライブにファイルをアップロードする必要があります。

まずは，Google Colab で Google ドライブを参照できるように，Google ドライブのマウントを行います。

```
from google.colab import drive
drive.mount('/content/drive')
```

上記ソースコードを Google Colab に入力して「Shift + Enter」を押してください。

図 9.9 のような画面が表示されます。

169

図 9.9　Google ドライブの参照

ここで，Google ドライブに接続を選択すると，図 9.10 のようにアカウントの選択画面が表示されます。

図 9.10　アカウントの選択画面

アカウントを選択すると，「Google Drive for desktop が Google アカウントへのアクセスを求めています」と表示され，Google Drive for desktop に以下を許可します：

- Google ドライブのすべてのファイルの表示，編集，作成，削除
- Google フォトの写真，動画，アルバムの表示

- モバイルクライアントの設定とウェブテストの取得
- プロフィールや連絡先などの Google ユーザー情報の表示
- Google ドライブ内のファイルのアクティビティ履歴の表示
- Google ドライブのドキュメントの表示，編集，作成，削除

9.4.3 Google Drive for desktop を信頼できることを確認

「お客様の機密情報をこのサイトやアプリと共有することがあります」，「アクセス権の確認，削除は，Google アカウントでいつでも行えます」，「Google がデータを安全に共有する仕組みについて知る」，「Google Drive for desktop のプライバシー ポリシーと利用規約をご覧ください」と表示されますので，よく確認した上，同意する場合，続行を選択します。

図 9.11 Google ドライブのマウント

図 9.11 のように Mounted at /content/drive と表示されれば，Google ドライブのマウント完了です。

Google ドライブへアクセスして読み込みをさせたいファイルを，Google ドライブにアップロードしてください。例えば，図 9.12 のような kankoudata.csv という CSV ファイルを Google ドライブにアップロードします。アップロードは Google ドライブにドラッグアンドドロップでできます。CSV ファイルはメモ帳などを使用し，コンマ区切りで保存することで作成できます。Excel を使用する場合は，ファイルの保存のときに「名前を付けて保存」を選択し，保存するファイル形式を CSV（コンマ区切り）と選択することで，CSV ファイルを作成できます。また，後ほど説明しますが，オープンデータサイトなどで CSV ファイルをダウンロードできるサイトがあります。

171

図 9.12　作成した kankoudata.csv ファイル

Google Drive 内の CSV ファイルへのパスを指定

```
import pandas as pd
file_path = "/content/drive/MyDrive/kankoudata.csv"
df = pd.read_csv(file_path,encoding="shift_jis")
print(df.head())
```

図 9.13　CSV ファイルの読み込み

　ここで，文字コードを指定しないときは CSV ファイルを UTF-8 で読み込みます。CSV ファイルを Shift-JIS で読み書きしたいときには，引数で指定する必要があります。また，記号や日本語の旧字体がデータにある

ときにエラーが出ることがあります。

(1) データの操作

Pandas を使って読み込んだデータを操作するために，DataFrame というデータ構造を使用します。DataFrame は行と列から成り立っており，データのフィルタリング，変換，集計などが可能です。

データの最初の 5 行を表示するには，図 9.14 のように df.head(5) と入力します。

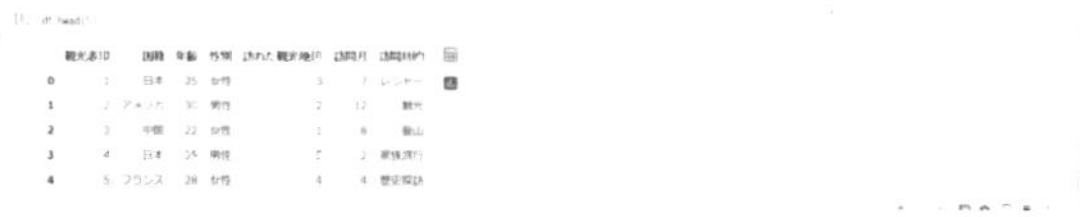

	観光客ID	国籍	年齢	性別	訪れた観光地数	訪問月	訪問目的
0	1	日本	25	女性	3	7	レジャー
1	2	アメリカ	30	男性	2	12	観光
2	3	中国	22	女性	1	6	登山
3	4	日本	35	男性	5	3	家族旅行
4	5	フランス	28	女性	4	4	歴史探訪

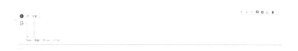

図 9.14　Pandas を用いたデータ操作①

また，特定の列を選択して表示するには，図 9.15 のように df['列名'] を入力します。
（例：df['年齢']）

図 9.15　Pandas を用いたデータ操作②

次に，Pandas の機能を使ってデータを操作・分析することができます。例えば，国籍ごとの訪問者数を集計してみましょう。

```
country_counts = df['国籍'].value_counts()
print(country_counts)
```

と入力します。

図 9.16　　Pandas を用いたデータ操作③

日本	2
アメリカ	1
中国	1
フランス	1

Name：国籍, dtype：int64

このように，簡単に集計ができます。

次に，特定の訪問目的の観光者だけを抽出します。レジャーで訪問する人を調べてみましょう。

```
leisure_visitors = df[df['訪問目的'] == 'レジャー']
print(leisure_visitors)
```

図 9.17　　Pandas を用いたデータ操作④

条件を指定してデータをフィルタリングすることもできます。

例えば，年齢が 30 歳以上の観光者のデータをフィルタリングします。

```
filtered_df = df[df['年齢'] >= 30]
print(filtered_df)
```

図 9.18　　Pandas を用いたデータ操作⑤

観光者 ID		国籍	年齢	性別	訪れた観光地 ID	訪問月	訪問目的
1	2	アメリカ	30	男性	2	12	観光
3	4	日本	35	男性	5	2	家族旅行

　複数の条件を組み合わせることもできます。年齢が 30 歳以上かつ国籍が「日本」の観光者をフィルタリングしてみましょう。複数の条件を組み合わせるには，各条件を（）でくくる必要があります。条件の組み合わせには&（AND），|（OR），~（NOT）を使用できます。

```
filtered_df = df[(df['年齢'] >= 30) & (df['国籍'] == '日本')]
print(filtered_df)
```

図 9.19　　Pandas を用いたデータ操作⑥

観光者 ID		国籍	年齢	性別	訪れた観光地 ID	訪問月	訪問目的
3	4	日本	35	男性	5	2	家族旅行

特定の条件を満たす行から，特定の列だけを抽出することもできます。

```
filtered_df = df.loc[df['年齢'] >= 30, ['国籍', '訪問目的']]
print(filtered_df)
```

175

図 9.20 Pandas を用いたデータ操作⑦

```
   国籍      訪問目的
1  アメリカ  観光
3  日本     家族旅行
```

また，Pandas の describe() メソッドを使って，データの統計情報を簡単に確認できます。このメソッドは，数値データの要約統計量を提供し，各列の count, mean, std（標準偏差），min（最小値），25%，50%（中央値），75% パーセンタイル，max（最大値）を計算します。

 # 数値データの統計情報を取得

```
stats_info = df.describe()
```

 # 統計情報の表示

```
print(stats_info)
```

図 9.21 pandas を用いた統計情報の表示①

	観光者 ID	年齢	訪れた観光地 ID	訪問月
count	5.000000	5.000000	5.000000	5.000000
mean	3.000000	28.000000	3.000000	6.600000
std	1.581139	4.949747	1.581139	3.847077
min	1.000000	22.000000	1.000000	2.000000
25%	2.000000	25.000000	2.000000	4.000000
50%	3.000000	28.000000	3.000000	7.000000
75%	4.000000	30.000000	4.000000	8.000000
max	5.000000	35.000000	5.000000	12.000000

　文字列などの情報を表示したい場合は，describe() メソッドはオプショ
ンを変更する必要があります。

全ての列の統計情報を取得（数値データ + カテゴリカルデータ）

```
stats_info_all = df.describe(include='all')
```

統計情報の表示

```
print(stats_info_all)
```

図 9.22　　Pandas を用いた統計情報の表示②

177

	観光者 ID	国籍	年齢	性別	訪れた観光地 ID	
count	5.000000	5	5.000000	5	5.000000	
unique	NaN	4	NaN	2	NaN	
top	NaN	Japan	NaN	女性	NaN	
freq	NaN	2	NaN	3	NaN	
mean	3.000000	NaN	28.000000	NaN	3.000000	
std	1.581139	NaN	4.949747	NaN	1.581139	…
min	1.000000	NaN	22.000000	NaN	1.000000	
25%	2.000000	NaN	25.000000	NaN	2.000000	
50%	3.000000	NaN	28.000000	NaN	3.000000	
75%	4.000000	NaN	30.000000	NaN	4.000000	
max	5.000000	NaN	35.000000	NaN	5.000000	

(2) データの可視化

　データを可視化するために，Pandas と Matplotlib などのライブラリ
を組み合わせて使用することができます。Matplotlib を使ったグラフ描
画について説明します。国籍ごとの観光者数を棒グラフで表示してみま
しょう。まず，Matplotlib をインストールします。

図 9.23　Matplotlib のインストール

```
pip install matplotlib
```

と入力してください。ここで，英語のままでもよいのですが，日本語表示
を行いたい場合は，日本語に対応したフォントの指定が必要となります。
使用するフォントはシステムにインストールされている必要があり，環境
によってはフォントの設定方法が異なることもあるので，具体的な環境に
合わせて設定を行う必要があります。Google Colab や一部の環境では，
フォントのインストールや設定に制限がある場合があるので，ここではグ
ラフ表示に関しては，日本語のカテゴリ値を英語に変換するため変換マッ
プを適用してグラフ表示を行う例について説明します。

国籍の変換マップ（日本語フォントがインストールされていない場合，日本語から英語への変換パターンを指定）

```
nationality_map = {
"日本":  "Japan",
"アメリカ":  "USA",
"中国":  "China",
"フランス":  "France"
}
```

国籍列の値を英語に変換する（日本語フォントがインストールされていない場合）

```
df['国籍'] = df['国籍'].map(nationality_map)
```

国籍ごとの観光者数の集計

```
country_counts = df['国籍'].value_counts()
```

グラフの描画

```
import matplotlib.pyplot as plt
plt.figure(figsize=(10,6))
country_counts.plot(kind='bar', color='skyblue', alpha=0.7)
```

グラフのタイトルと軸ラベルの設定（英語）

```
plt.title('Number of Visitors by Nationality')
plt.xlabel('Nationality')
plt.ylabel('Number of Visitors')
```

グラフの表示

```
plt.show()
```

図 9.24　グラフ描画プログラム例

この例では，nationality_map という辞書を用いて df['国籍'] 列の値を英語に変換し，データに対してグラフを描画しました。

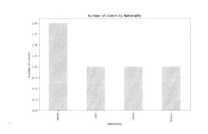

図 9.25　グラフ描画

このように，Google Colab 上で Pandas を使ってデータの読み込み，操作，様々な可視化ができますのでいろいろと試してみてください。

9.4.4　オープンデータの利用

オープンデータとは，政府や自治体，教育機関，企業などが公開している，誰でも自由に利用することができるデータのことを指します。これは特定の目的のためだけではなく，様々な目的で利用することができるように意図されています。基本的に著作権などのライセンスの制限がなく，条件を守れば自由に加工したり再配布することもできます。

データの形式は様々で，CSV 形式や，XML 形式，Excel 形式，PDF 形式などがあります。オープンデータの例としては，気象データ，交通情報，政府が収集する統計情報などがあります。オープンデータを提供する

サイトは多岐にわたり，いくつかの例を挙げると政府機関では，日本の政府統計の総合窓口 e-Stat[4] などがあります。また，日本の多くの自治体においてもオープンデータ化が広がっており，最も早く活用したのは福井県の鯖江市です[5]。

図 9.26　鯖江市オープンデータサイト画面：データシティ鯖江

図 9.27　オープンデータのダウンロード画面

図 9.26 の「オープンデータ」をクリックし，図 9.27 のバス停（福井県鯖江市）の① CSV ボタンをクリック，②のファイルをクリックして CSV

ファイルをダウンロードします。このようなオープンデータを使い，上述の Python や Pandas を用いることで様々なデータ解析ができます。

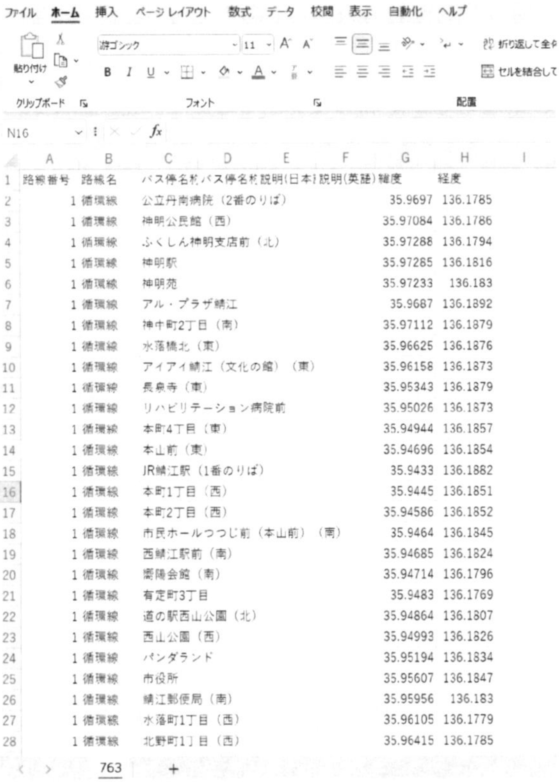

	A	B	C	D	E	F	G	H
1	路線番号	路線名	バス停名称	バス停名称	説明(日本語)	説明(英語)	緯度	経度
2	1	循環線	公立丹南病院（2番のりば）				35.9697	136.1785
3	1	循環線	神明公民館（西）				35.97084	136.1786
4	1	循環線	ふくしん神明支店前（北）				35.97288	136.1794
5	1	循環線	神明駅				35.97285	136.1816
6	1	循環線	神明苑				35.97233	136.183
7	1	循環線	アル・プラザ鯖江				35.9687	136.1892
8	1	循環線	神中町2丁目（南）				35.97112	136.1879
9	1	循環線	水落橋北（東）				35.96625	136.1876
10	1	循環線	アイアイ鯖江（文化の館）（東）				35.96158	136.1873
11	1	循環線	長泉寺（東）				35.95343	136.1879
12	1	循環線	リハビリテーション病院前				35.95026	136.1873
13	1	循環線	本町4丁目（東）				35.94944	136.1857
14	1	循環線	本山前（東）				35.94696	136.1854
15	1	循環線	JR鯖江駅（1番のりば）				35.9433	136.1882
16	1	循環線	本町1丁目（西）				35.9445	136.1851
17	1	循環線	本町2丁目（西）				35.94586	136.1852
18	1	循環線	市民ホールつつじ前（本山前）（南）				35.9464	136.1845
19	1	循環線	西鯖江駅前（南）				35.94685	136.1824
20	1	循環線	嚮陽会館（南）				35.94714	136.1796
21	1	循環線	有定町3丁目				35.9483	136.1769
22	1	循環線	道の駅西山公園（北）				35.94864	136.1807
23	1	循環線	西山公園（西）				35.94993	136.1826
24	1	循環線	パンダランド				35.95194	136.1834
25	1	循環線	市役所				35.95607	136.1847
26	1	循環線	鯖江郵便局（南）				35.95956	136.183
27	1	循環線	水落町1丁目（西）				35.96105	136.1779
28	1	循環線	北野町1丁目（西）				35.96415	136.1785

図 9.28　ダウンロードされたオープンデータファイル

総務省が 2018 年に小・中学生向けに公開した，統計データ検索サイトキッズすたっと [6] もしっかりとしたデータがあります。外国のサイトではアメリカの Data.gov[7] が有名です。

9.4.5　API を利用した観光情報収集・活用

特定の観光情報を必要としている場合は，公式の観光情報サイトや旅

行会社のウェブサイトなどを参照することも有効と考えられます。また，APIなどの公開されているデータを利用することも可能な場合があります。適切な情報取得方法を選び，倫理的に情報提供元や他の利用者にも配慮することが重要です。

APIを使用して観光情報を取得する方法は，多くの場合，公式な観光情報サイトやデータプロバイダが提供している情報を利用することが一般的です。観光情報APIは，観光地の名所・イベント・宿泊施設などの情報を簡単にアクセスできるようにするプログラムインターフェースです。例えば，OpenWeatherMap APIは天気情報を提供するAPIで，観光地の現在の天気や予報を取得できます。これらのAPIは，旅行プランニングや観光情報の提供に利用されるだけでなく，観光業界のデータ解析やマーケティングにも活用されています。APIの使用には利用規約や制限事項があるため，提供元のウェブサイトで詳細を確認することが大切です。

では，観光情報APIを利用してどのようなことができるでしょうか？

例えば，旅行プランニングに使用すると，観光者は観光情報APIを利用して旅行先の観光スポットや名所，レストラン，ホテルの情報を取得します。APIを利用することで，実際の観光地の詳細な情報や評価を知ることができます。特定の興味や目的に合わせた情報収集を行うこともあります。例えば，特定のイベント情報やアクティビティを探したり，観光地の天気情報を取得したりするなどが考えられます。オンラインマップサービスや位置情報アプリを利用して，観光地の周辺情報や地域の名所を探す際に観光情報APIが利用されることがあります。

また，開発者としては，自身が開発するアプリケーションやウェブサイトで観光情報APIを活用することもあります。観光ガイドアプリや旅行予約サイトなど，観光情報を提供するサービスを開発する際にAPIを組み込むことで，観光者や観光情報システム開発者は観光情報APIを利用してより充実した旅行や観光体験についての情報を得ることができます（APIの利用には提供元の利用規約を守り，APIキーなどのアクセス権限を管理する必要があります）。

例えば，JapanTravelは日本の観光情報を提供するウェブサイトで，観光情報APIを活用して観光スポットやイベント，グルメ情報を提供して

います。日本を訪れる観光客にとって便利な情報源となっています。

9.5　観光データの統計分析

日本における主要な観光統計を表 9.1 に示します。

表 9.1　主要な観光統計
※表中には主要なデータ項目のみ示しています。

統計名	公表主体	日本人国内旅行	訪日外国人旅行	日本人海外旅行
旅行・観光消費動向調査	観光庁	旅行者数 旅行消費単価 旅行消費額	—	旅行消費単価 旅行消費額
訪日外客統計	日本政府観光局(JNTO)	—	旅行者数	
訪日外国消費動向調査	観光庁	—	旅行消費単価 旅行消費額(都道府県別集計)	—
宿泊旅行統計調査	観光庁	宿泊者数	宿泊者数	
出入国管理統計	法務省	—	旅行者数	旅行者数
観光入込客統計	観光庁(都道府県による調査)	旅行者数 旅行消費単価 旅行消費額	旅行者数 旅行消費単価 旅行消費額	—

これらのデータは，公表主体の Web ページからダウンロードが可能です。本節ではこれらの観光統計データを用いて，代表値や散らばり度合を求めてデータの傾向や特徴を把握する方法を紹介します。また，複数のデータの関係を把握し，予測する方法も紹介します。

なお，表中の「観光入込客統計」は 2009 年に観光庁が策定した「観光入込客統計に関する共通基準」を用いて，各都道府県が調査したものを観光庁が公表しています。2023 年 8 月末時点で大阪府以外が共通基準を採用していますが，公表の時期が遅いところもあり 2019 年分では 46 都道府県中 32 箇所に留まっています。

9.5.1　代表値と散布度

図9.29は都道府県別の宿泊者数のグラフです。「宿泊旅行統計調査」のExcelデータをダウンロードし，大きい順に並べ替えて示してあります。このようにグラフで表すと，直感的にデータの傾向を把握することができます。次に，大量のデータを定量化して特徴を示す代表値を紹介します。

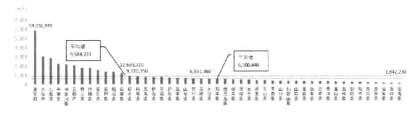

図 9.29　都道府県別の延べ宿泊者数（2022年）
（宿泊旅行統計調査 [8] より作成）

(1) 平均値・最大値・最小値・範囲・中央値

代表値の中で最も良く用いられるのが平均値（Mean）です。図9.29の平均値を求めてみましょう。東京都から徳島県までの47のデータを合計すると，約4億5千46万人（450,458,480人）となります。この値をデータ数の47で割ると，約958万人（9,584,223人）となります。

最大値（Maximum）はデータ中の最も大きい値であり，最小値（Minimum）は最も小さい値です。すでにグラフは並べ替えてあるので，一目瞭然です。最大値は東京都の約5千904万人，最小値は徳島県の約184万人となります。また，最大値から最小値を引いた値を，範囲（Range）といいます。範囲は，約5千719万人（57,194,740人）となります。

平均値は兵庫県と栃木県の間になります。ここで，石川県を例に考えてみます。石川県は平均値より低くなっています。もう一つの代表値である中央値（Median）を求めてみます。データを大きい順（小さい順でもよい）に並べ替えたときに，ちょうど中央にくるデータが中央値です。データが偶数個のときは中央にくる2つのデータの平均値が，中央値となり

ます。

　図 9.29 の場合は，24 番目が中央となるため，熊本県の 6,300,840 人が中央値です。石川県は平均値より低いですが，中央値より高い位置にあるといえます。宿泊者全体の 13 ％以上が東京都に宿泊しており，平均値が中央値よりかなり高くなっています。このように同じ代表値でも異なる値となるため，何を知りたいのかによって使い分ける必要があります。

(2) 標準偏差・変動係数

　新型コロナウイルスの影響を受けていない 2019 年の都道府県別の日本人宿泊者数と外国人宿泊者数を表 9.2 に示します。各都道府県の宿泊者全体に占める外国人宿泊者数の割合の高い順に 10 位までを記載しています。

表 9.2　都道府県別の延べ日本人および外国人宿泊者数（2019 年）
※日本人宿泊者は不詳分を含み，平均・標準偏差は 47 都道府県のデータより
導出しています。
（宿泊旅行統計調査 [8] より作成）

	日本人宿泊者数	外国人宿泊者数	外国人割合
京都府	18,724,510	12,025,050	39.1%
大阪府	29,501,340	17,926,170	37.8%
東京都	49,631,070	29,350,650	37.2%
北海道	28,178,260	8,805,160	23.8%
沖縄県	25,114,910	7,750,760	23.6%
岐阜県	5,643,980	1,660,330	22.7%
山梨県	7,017,390	2,054,960	22.7%
福岡県	16,158,420	4,261,960	20.9%
奈良県	2,191,030	535,290	19.6%
愛知県	15,704,240	3,633,500	18.8%
平均	10,218,408	2,460,774	
標準偏差	9,238,271	5,204,005	
変動係数	0.904	2.115	

　日本全体では，2019 年の宿泊者合計は約 5 億 9 千 592 万人で外国人の割合は 19.4% でした。京都，大阪，東京では 4 割近くが外国人宿泊者で

あることがわかります。

　表中には47都道府県のデータから導出した平均，標準偏差（Standard Deviation），変動係数（Coefficient of Variance）を示しています。標準偏差とはデータの散らばり度合を示す指標です。平均値の周りにデータが多く集まっているのか，平均値から離れたデータが多いのかを知ることができます。詳細な導出方法は，統計学の書籍やWebページを参考にしてください。ここでは，その解釈の仕方を説明します。なお，Excelでは「STDEV.P」関数で簡単に導出することができます。標準偏差が大きいほど，データのバラツキが大きいといえます。すなわち，日本人と外国人では日本人データの方がバラついているということになります。しかし，標準偏差は各都道府県データと平均値との差の総和を利用して導出するため，対象となるデータの値が大きいと標準偏差も大きくなります。

　このような場合は，平均値に対してどれだけバラついているかを求めることによって比較が可能になります。この指標を，変動係数といいます。変動係数は標準偏差を平均値で割ることによって求めることができます。

　改めて，変動係数を見てみると日本人の0.904に対して外国人は2.115であり，外国人のバラツキが大きいことがわかります。これは，外国人が日本人に比べて，一部の都道府県に偏って宿泊していることを示しています。

9.5.2　散布図と相関関係

　データ分析においては，データ項目のことを変数と呼びます。9.5.1項では，1つの変数の特性を明らかにする方法を説明してきました。ここでは，2つの変数の関係を把握する方法を紹介します。

(1) 散布図

　ペアになっている2つの変数の関係を直感的に理解するには，散布図（Scatter Diagram）が便利です。1つの変数の値を横軸に，もう1つの変数の値を縦軸にとって，当てはまるところにプロットします。

　図9.30は横軸Xの変数が増加すると，縦軸Yの変数も増加しています。このような傾向があるとき，XとYは正の相関（Positive Correlation）

があるといいます。例えば，最高気温（X）が高くなると，アイスクリームの売上高（Y）が高くなるという傾向を示しています。

　図 9.31 は横軸 X の変数が増加すると，縦軸 Y の変数が減少しています。このような傾向があるとき，X と Y は負の相関（Negative Correlation）があるといいます。例えば，風速（X）が速いと屋外の観光施設の入場者数（Y）は減るという傾向を示しています。

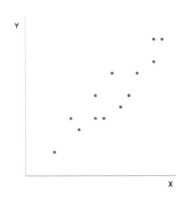

図 9.30　正の相関がある場合の散布図

図 9.31　負の相関がある場合の散布図

　図 9.32 は横軸 X の変数が増加しても，縦軸 Y の変数に一方向の関係はありません。このような 2 変数の関係を無相関といいます。例えば，風速

（X）と屋内の観光施設の入場者数（Y）は関係がないということを示しています。

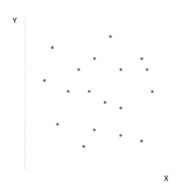

図 9.32　無相関の場合の散布図

(2) 相関係数

　散布図は相関関係を大雑把に把握することはできますが，どの程度の関係の強さがあるのかを示すことはできません。そこで，2 変数の関係の強さを数値で示す相関係数（Correlation Coefficient）を用いると便利です。

　相関係数は 2 変数の各データと平均との差を掛け合わせた総和と標準偏差などを用いて求める必要がありますが，Excel では「CORREL」関数または「PEARSON」関数で簡単に導出することができます。相関係数は − 1 から 1 の範囲で導出されます。正の相関があるときはプラスの値となり，負の相関があるときはマイナスの値となります。

　相関係数の解釈はデータ数を考慮しなければならないのですが，一般的な目安を表 9.3 に示します。r は相関係数の記号です。全てのプロットが一直線上にあるとき，相関係数は 1 または − 1 となります。

表 9.3　相関係数の目安
※|r|は r の絶対値。マイナスの場合も相関の強さは同様。

相関係数	相関の強さ
｜ r ｜ = 0.7 〜 1	強い相関がある
｜ r ｜ = 0.4 〜 0.7	中程度の相関がある
｜ r ｜ = 0.2 〜 0.4	弱い相関がある
｜ r ｜ = 0 〜 0.2	ほとんど相関がない

　ここからは，観光データの分析の話に戻ります。コロナの影響で宿泊業は大きな打撃を受けましたが，それは都道府県によってどの程度差があったのでしょうか？

　図 9.33 は都道府県別の延べ宿泊者数について，2019 年と 2022 年のデータを散布図で示したものです。図中には，相関係数と近似直線も示しました。近似直線については，9.5.3 項で詳しく説明しますが，47 個のデータの真ん中あたりを通る直線です。2019 年と 2022 年のデータは，ほぼ一直線上にプロットされており，相関係数は 0.99 で非常に強い相関があります。元々宿泊者が多かったところはコロナ禍でも多く，少なかったところはコロナ禍でも少ないということがわかります。

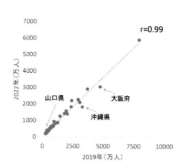

図 9.33　2019 年と 2022 年の都道府県別の延べ宿泊者数の散布図
（宿泊旅行統計調査 [8] より作成）

　さらに，詳しく見るために，近似直線から少し離れた大阪府と沖縄県に注目してみましょう。実際のデータを確認すると，2019 年に対する 2022

年の宿泊者の割合で最も低いのが沖縄県の 55.5%，次に大阪府の 64.4%
です。コロナの影響が大きく，減少率は 4 割前後とコロナ前を大きく下
回っています。

　しかし，山口県は 2019 年比 104.3% となり，全国で唯一コロナ禍前を
上回っています。山口県の宿泊者は 400 万人弱です。1,000 万人以下はグ
ラフにデータが集中しており，グラフからだけでは特徴を見つけることが
できません。まずは散布図を作成して全体の傾向を把握し，次に詳細な
部分をデータで確認すると，効率良くデータの特徴を捉えることができ
ます。

(3) 外れ値

　図 9.34 は，2022 年の都道府県人口と宿泊者数の散布図です。相関係数
は 0.85 で強い相関があることがわかります。右上のプロットは東京都で
す。他の道府県に比べ，人口も宿泊者数も多くかなり離れた位置にありま
す。散布図を作成すると，他のデータとかけ離れた位置にあるデータを発
見することができます。このデータを，外れ値（Outlier）と呼びます。
外れ値は分析目的によって，対象とするか除外するかを検討します。

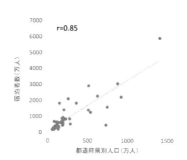

図 9.34　都道府県別人口と延べ宿泊者数の散布図（2022 年）
（2022 年人口推計[9]，宿泊旅行統計調査[8] より作成）

　東京都のデータを除外した例を図 9.35 に示します。相関係数は 0.74 と
強い相関があることには変わりはありませんが，0.1 ポイントも低くなっ
ています。グラフのプロットも直線に対して膨らんでいます。ただし，縦

軸横軸ともにスケール（軸の最大値）が変わっていることに注意してください。スケールを変更すると，グラフの見え方が変わります。説明したい内容を的確に表すように設定してください。

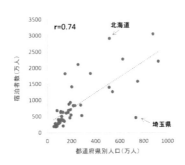

図 9.35　東京都を除外した都道府県別人口と延べ宿泊者数（2022 年）
（2022 年人口推計 [9]，宿泊旅行統計調査 [8] より作成）

　全人口の 1 割以上を占める大都市を除いて，人口と宿泊者数の関係を見るには，図 9.35 が適しています。この図から，人口に対して，極端に宿泊者が少ないところがあります。埼玉県では人口は 734 万人ですが，宿泊者は 464 万人です。逆に，北海道では人口は 514 万人で，宿泊者は 2,917 万人です。埼玉県は東京からのアクセスが良く，宿泊せずに日帰りしている可能性が考えられます。しかし，実際に検討する場合には，対象の都道府県の統計データを入手し，宿泊と日帰りの割合を比較するなどさらに詳細なデータに基づいた分析が必要です。

9.5.3　単回帰分析

　日本政府は，2020 年に訪日外国人旅行者数 4,000 万人を目標に掲げ，取り組みを進めてきました。コロナの影響により，2023 年時点では達成はできていませんが，2019 年までは順調に増加していました。
　旅行消費額と一緒にその推移を図 9.36 に示します。図 9.36 のデータをもとに作成した散布図を図 9.37 に示します。相関係数は 0.99 です。これほど相関係数が高いのは，訪日外国人旅行消費額は 1 人当たり旅行支出額

に訪日外国人数を乗じて求められているからです。1人当たり旅行支出額は，2011年は113,917円でしたが，2015年には176,167円にまで上昇しました。しかし，翌年には155,896円となり，そのまま2019年まで15万円代が続いています。

図 9.36　訪日外国人数と訪日外国人旅行消費額の推移
（日本の観光統計データ[10]，訪日外国人消費動向調査[11]より作成）

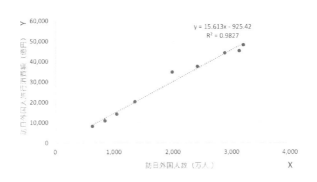

図 9.37　回帰直線と決定係数

9.5.2項では，2変数の関係を散布図や相関係数を使って見てきました。相関係数は双方向の関係性があり，XとYをどちらにとっても同じ値に

193

なります。さらに，X が原因で Y がその結果になっている場合は，X の値で Y の値を予測することができます。

　図 9.37 に引かれている直線はこれまで近似直線と表現してきたものです。直線ですから，$Y = aX + b$ で表されます。図中の式はこの直線を表しています。各データの Y と直線までの距離（横軸に対する垂直線）が最も短くなるように直線の傾き a が決定されます。この式を使って，X の値から Y を予測することを単回帰分析（Simple Regression Analysis）といいます。

　単回帰分析では，直線を回帰直線（Regression Line），式を回帰式と呼びます。Excel を使うと簡単に回帰直線と回帰式を表示することができます。図では $Y = 15.613X - 925.42$ となっています。これは，訪日外国人数が 1,000 万人増えると，訪日外国人旅行消費額が 1 兆 5,613 億円増えるということを示しています。訪日外国人数が 4,000 万人の場合の旅行消費額は，X に 4000 を代入して，$15.613 \times 4000 - 925.42$ の計算を行います。結果（Y）は約 61,527 となります。したがって，訪日外国人数が 4,000 万人になると，訪日外国人旅行消費額は 6 兆 1,527 億円になると予想することができます。

　ペアになっている 2 変数のデータがあれば，回帰直線は簡単に引くことができます。しかし，回帰式がどの程度データを説明しているかは不明です。回帰式への当てはまりの程度を示す指標に決定係数 R^2 があります。決定係数は 0〜1 の値をとります。1 に近いほど回帰式の当てはまりが良く，0 に近いほどその回帰式は意味がないことを示します。図中に R^2 値が示されています。0.9827 ですから，非常に当てはまりが良いといえます。回帰式が有用か否かの判断はいくつか評価基準があります。厳密に判断するにはそれらを使用しなければなりませんが，決定係数が 0.5 以上であれば概ね当てはまりがよいとされています。単回帰分析において，決定係数は相関係数を 2 乗した値と等しくなります。

　コロナ禍前に政府が掲げた目標として，2030 年の訪日外国人旅行消費額 15 兆円というものがありました。コロナの影響で 2020 年の 4,000 万人も達成できず，2030 年の目標を変更するか注目されていましたが，目標を継続することを明らかにしています。2030 年に 15 兆円という目標

を達成するためにはどのくらい旅行者を増やす必要があるのでしょうか？回帰式に当てはめるとなんと 9,700 万人程度の旅行者が必要になってしまいます。

旅行者数をそれ程増やさず旅行消費額を確保するために，政府は観光立国推進基本計画（2023 年閣議決定）において，2025 年までに 1 人当たり旅行支出額を 20 万円にすることを目標に掲げています。先にも述べましたが，訪日外国人旅行消費額は 1 人当たり旅行支出額に訪日外国人数を乗じて求められています。つまり，この回帰式は 2011 年から 2019 年の 1 人当たり旅行支出額（15 万円程度）のデータを利用していることになります。今後，1 人当たり旅行支出額を上げることができれば，この回帰式は意味がなくなり，少しは安心できそうです。

単回帰分析は変数 X と変数 Y に因果関係があり，原因である X で Y を説明する分析法です。原因が複数ある場合には，重回帰分析という手法を用いることになります。本書では扱いませんが，分析方法を知りたい場合は統計学の書籍などを参考にしてください。

9.6　まとめ

観光 DX は，現在も日進月歩で進展していますが，今後も技術の進化に伴い，新しいサービスや運営モデルが現れ常に変化していくと考えられます。

今後 DX のためのインフラや，データ活用の重要性がますます高まると考えられます。サービスの予約やキャッシュレス支払いなど様々な国や地域の観光者にとって手軽な環境の整備が進んでいくでしょう。ビッグデータ分析を行うことで，観光者の行動や嗜好をデータ化し，それを分析することで，より個別最適化されたサービスが生まれると考えられます。

また，持続可能な観光が教育的な面からも重要視されると考えられ，環境や地域社会に配慮した持続可能な観光を実現するためにも，デジタル技術を活用する動きが進むと考えられます。

多言語対応には，多様な観光客への情報提供やサービス対応を AI を用

いたサービスで容易に行えます。グローバル化がますます進むと考えられ
ます。また，実際に訪れる観光だけでなく，実際に訪れる前や訪れた後に
も観光地の雰囲気を味わえる VR や AR 技術の活用が進むと考えられま
す。これらのデジタル技術は，リピート客を増やし，一度訪れたお客様が
再び訪れたくなるような価値を提供し，観光者との関係を深めるためにも
用いられると考えられます。

　本章では，簡単にデータ分析を行う技術を紹介しました。学んだ技術を
実際に使ってみることで理解が深まり，スキルが定着します。実際のデー
タを使って分析することは，事前の仮説とは異なるパターンやトレンドが
隠されていることがよくあります。実際のデータは，シミュレーションさ
れたデータよりも複雑であることが多いです。この複雑性を理解し，扱う
ことは，データサイエンティストのスキルの向上に役立ちます。実際の
データから導出した新しい知見は，新しいサービスの機会をつかむことが
できると考えられます。ぜひ身近な観光データを分析し，観光 DX スキル
を身につけてほしいと思います。

演習問題

1.　観光庁，環境省，国土交通省，気象庁などの各省庁や市町村が提供す
るオープンデータを検索し，観光に関するデータをダウンロードして分析
してみましょう。

2.　都道府県別の日本人および外国人の旅行消費額を，「旅行・観光消費
動向調査[12]」と「訪日外国人消費動向調査[11]」から同じ年のデータを
ダウンロードし，日本人と外国人の平均値，標準偏差，変動係数をそれぞ
れ求めましょう。バラツキの指標を使って結果を考察してください。

参考文献

[1]　井上明人：『ゲーミフィケーション』，NHK 出版（2012）.

[2]　玉樹真一郎：『「ついやってしまう」体験のつくりかた』，ダイヤモンド社（2019）.

[3]　田中祐樹，岸本好弘：心理学のゲーミフィケーション活用，『日本デジタルゲーム学会
2022 年夏季研究発表大会予稿集』，pp.17-21（2022）.

[4]　政府統計の総合窓口（e-Stat）.
　　 https://www.e-stat.go.jp/

[5] 鯖江市：データシティ鯖江.
https://data.city.sabae.lg.jp/

[6] 総務省：キッズすたっと～探そう統計データ～.
https://dashboard.e-stat.go.jp/kids/

[7] Data.gov.
https://data.gov/

[8] 観光庁：宿泊旅行統計調査，（2019，2022）.
https://www.mlit.go.jp/kankocho/siryou/toukei/shukuhakutoukei.html

[9] 総務省統計局：2022 年人口推計，（2023）.

[10] 日本政府観光局（JNTO）：日本の観光統計データ.
https://statistics.jnto.go.jp/graph/\#graph--inbound--travelers--transition

[11] 観光庁：訪日外国人消費動向調査，（2011～2019）.
https://www.mlit.go.jp/kankocho/siryou/toukei/syouhityousa.html

[12] 観光庁：旅行・観光消費動向調査，（2019）.
https://www.mlit.go.jp/kankocho/siryou/toukei/shouhidoukou.html

第9章 演習問題2の解答

2019年のデータで分析した結果を示します。

（単位：億円）

	訪問地	日本人旅行消費額	外国人旅行消費額									
1	北海道	12,118	2,888	18	福井県	1,333	21	35	山口県	1,746	56
2	青森県	2,363	99	19	山梨県	3,059	325	36	徳島県	1,130	30
3	岩手県	2,193	51	20	長野県	6,345	463	37	香川県	1,976	166
4	宮城県	3,529	162	21	岐阜県	2,249	262	38	愛媛県	1,408	46
5	秋田県	1,433	31	22	静岡県	7,990	442	39	高知県	1,193	28
6	山形県	2,008	57	23	愛知県	4,931	1,644	40	福岡県	7,227	1,833
7	福島県	3,385	43	24	三重県	3,398	98	41	佐賀県	1,593	91
8	茨城県	2,325	146	25	滋賀県	1,570	77	42	長崎県	2,799	181
9	栃木県	3,914	153	26	京都府	6,265	2,794	43	熊本県	2,727	179
10	群馬県	3,131	86	27	大阪府	10,286	8,468	44	大分県	2,880	270
11	埼玉県	2,304	234	28	兵庫県	6,698	539	45	宮崎県	1,435	61
12	千葉県	10,502	1,662	29	奈良県	1,253	265	46	鹿児島県	3,003	197
13	東京都	17,784	15,388	30	和歌山県	1,778	111	47	沖縄県	7,096	1,767
14	神奈川県	6,414	1,260	31	鳥取県	1,128	53				
15	新潟県	3,806	98	32	島根県	1,167	22		平均	3,855	947
16	富山県	1,516	98	33	岡山県	2,115	142		標準偏差	2,695	2,002
17	石川県	2,999	195	34	広島県	3,971	368		変動係数	0.699	2.114

　標準偏差で見ると，日本人旅行消費額が外国人旅行消費額より大きいですが，平均値の差が大きいため変動係数で見ます。日本人0.699に対し外国人は2.114のため，外国人の方がバラツキが大きいといえます。したがって，訪日外国人の旅行消費額は日本人に比べ一部の都道府県に偏っているといえます。

索引

著者紹介

沢田 史子 （さわだ あやこ）

2005年　北陸先端科学技術大学院大学知識科学研究科博士後期課程修了
現在　北陸学院大学社会学部社会学科　教授
博士（知識科学）
担当章・節　第1, 3, 4, 9.5

小越 咲子 （おごし さきこ）

2004年　金沢大学大学院自然科学研究科博士後期課程修了
現在　独立行政法人国立高等専門学校機構福井工業高等専門学校電子情報工学科　教授
博士（工学）
担当章・節　第6, 9, 9.3, 9.4

伴 浩美 （ばん ひろみ）

2016年　金沢大学大学院自然科学研究科博士後期課程修了
公立大学法人三条市立大学工学部技術・経営工学科　教授（2024年3月まで）
長岡大学経済経営学部経済経営学科　教授
博士（学術）
担当章・節　第7, 8

大薮 多可志 （おおやぶ たかし）

1973年　工学院大学大学院工学研究科修士課程修了
1975年　早稲田大学第二文学部英文学科卒業
現在　NPO法人 日本海国際交流センター　副理事長
工学博士
担当章・節　第2, 5, 9.2

◎本書スタッフ
編集長：石井 沙知
編集：赤木 恭平
組版協力：阿瀬 はる美
図表製作協力：菊池 周二
表紙デザイン：tplot.inc 中沢 岳志
技術開発・システム支援：インプレス NextPublishing

●本書の内容についてのお問い合わせ先
近代科学社Digital　メール窓口
kdd-info@kindaikagaku.co.jp
件名に「『本書名』問い合わせ係」と明記してお送りください。
電話やFAX、郵便でのご質問にはお答えできません。返信までには、しばらくお時間をいただく場合があります。なお、本書の範囲を超えるご質問にはお答えしかねますので、あらかじめご了承ください。

DX時代の観光と社会

2024年3月29日　初版発行Ver.1.0

著　者　沢田 史子,小越 咲子,伴 浩美,大薮 多可志
発行人　大塚 浩昭
発　行　近代科学社Digital
販　売　株式会社 近代科学社
　　　　〒101-0051
　　　　東京都千代田区神田神保町1丁目105番地
　　　　https://www.kindaikagaku.co.jp

印刷・製本　京葉流通倉庫株式会社
Printed in Japan

ISBN978-4-7649-0687-7

近代科学社 Digital は、株式会社近代科学社が推進する21世紀型の理工系出版レーベルです。デジタルパワーを積極活用することで、オンデマンド型のスピーディでサステナブルな出版モデルを提案します。

近代科学社 Digital は株式会社インプレス R&D が開発したデジタルファースト出版プラットフォーム "NextPublishing" との協業で実現しています。